즐거운학교와 티처빌은
좋은교육을 먼저 생각합니다

즐거운학교는 사람의 학교를 지향,
사람을 소중히 키워내기 위해 노력하겠습니다.

선생님 마을! **티처빌**은 풍요로운 수업과
따뜻한 교실을 만들어가도록 노력하겠습니다.

즐거운학교 www.njoyschool.net
티 처 빌 www.teacherville.co.kr

2010년 5월 28일 초판 1쇄 발행
2019년 7월 18일 2판 8쇄 발행

지은이 허승환
펴낸이 이형세

주소 서울시 강남구 언주로 551, 프라자빌딩 5, 8층
전화 02-3442-7783(333)
팩스 02-3442-7793
ISBN 978-89-93879-19-3 (13370)
값 15,000원

· 이 책의 무단 전재와 무단 복제를 금합니다. 지은이와 협의에 의해 인지를 생략합니다.
· 파본은 구입처에서 교환해드립니다.

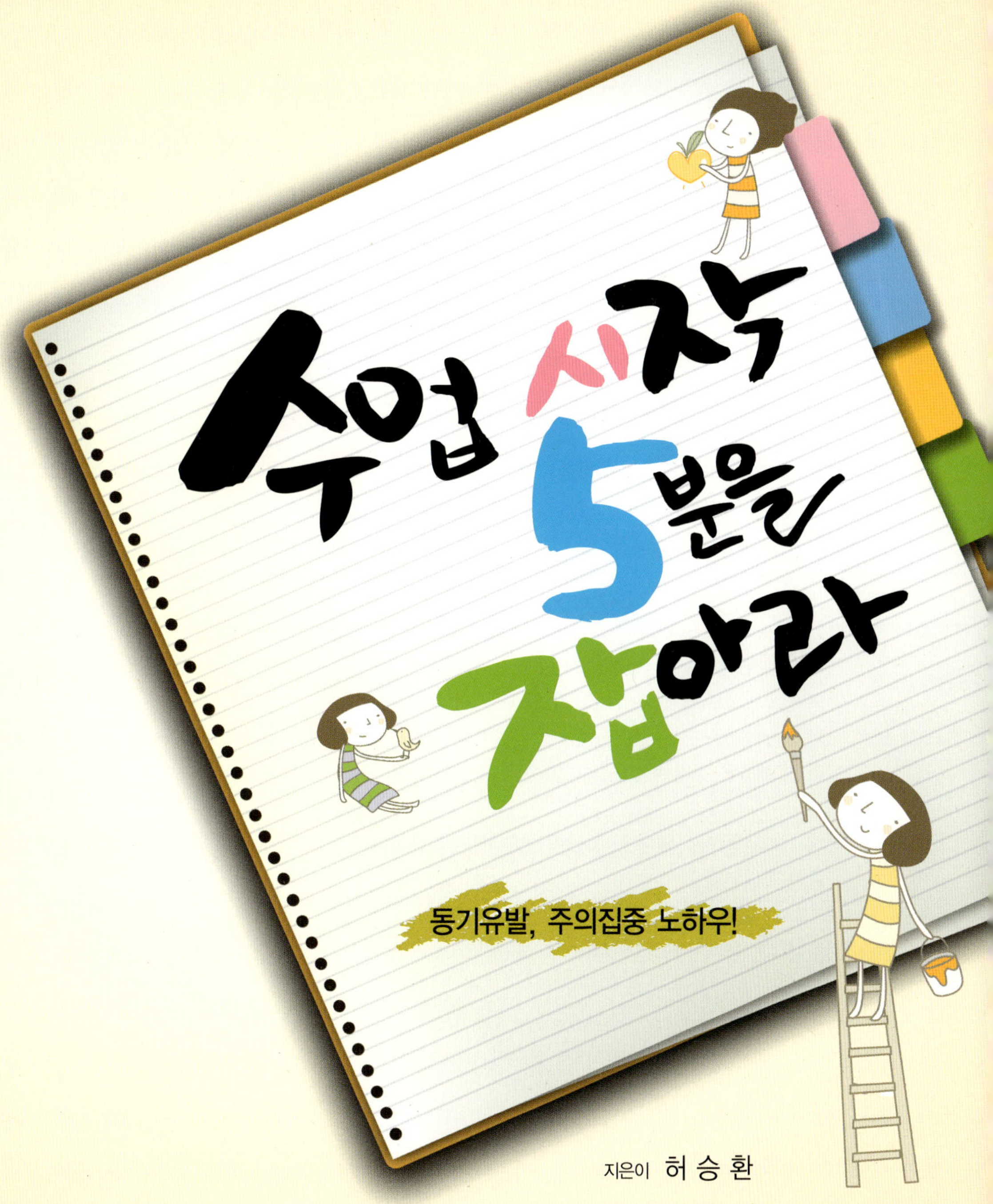

수업 시작 5분을 잡아라

동기유발, 주의집중 노하우!

지은이 허승환

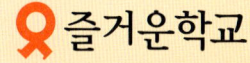
즐거운학교

머리글

혹시 "자! 오늘 수업을 시작하겠습니다. 지난 시간에 어디까지 배웠나요?"라는 질문으로 오늘의 수업을 시작하진 않습니까? 만일 그렇다면 그 한마디만으로도 우리는 교재연구를 하는데 소홀히 했음을 스스로 인정하는 것이라 할 수 있습니다.

> 저는 수업 전 동기유발을 정말 잘 안 하는 편이거든요…. 동기유발의 중요성은 이론적으로 너무나 잘 알고 있으면서도 실제 수업에선 잘 안 되는 것 같아요.
>
> 우리 반 애들은 정말 수업이 재미없을 것 같단 생각에 마음이 불편해요.
>
> 특히 고학년만 계속하다 보니 동기유발 하는 게 유치해 보이지는 않을까 하는 걱정까지 더해져 점점 소홀하게 되었네요.
>
> 선생님들은 동기유발을 어떻게들 하시는지 노하우 좀 배울 수 있을까요?
>
> 벌써 어떻게 어떻게 해서 5년차까지 되었는데도,
>
> '교육자료' 등등의 것들 보고 수업하기도 헉헉대는 아직도 많이 모자란 교사랍니다.

2006년도에 한 교사 커뮤니티에 올라온 교사의 고민입니다. 동기유발이 필요하다는 것은 잘 알지만, 실제 단위 수업에서 "어떻게 동기유발을 할 것인가?" 하는 점은 모든 교사의 고민이기도 합니다.
"업무 틈틈이 수업한다"는 자조적인 말이 유행인 바쁜 현실 속에서 모든 수업을 일일이 준비하는 것은 쉽지 않은 일입니다. 특히 중등과 달리 초등 교사가 가르치는 과목은 도덕, 국어, 수학, 사회, 과학, 체육,

음악, 미술, 실과, 영어, 특활, 재량 등 12개 교과에 이릅니다. 게다가 1학년부터 6학년까지 어느 학년을 다음 해에 가르치게 될 지 알 수 없습니다. 이런 현실 속에서 2010년도부터 교원평가가 시작되고, 한 해에 4번의 공개수업을 의무적으로 하게 되었습니다. 심지어 부산에서는 6번 공개수업을 한다고 합니다. 심히 부담스럽지만, 여러 가지 교육 환경을 개선하려는 노력과 함께 교사 본연의 임무라 할 수 있는 '수업'에서의 성장을 위해 노력하지 않을 수 없게 된 것 같습니다.

   대구교육연수원이나 충남교육연수원, 부산교육연수원 등에서 강의할 때마다 저의 주된 강의 주제는 '동기유발 및 발문기법'이었습니다. 처음 강의를 맡을 때만 해도 얼마나 가슴이 답답하고 부담스러웠는지 모릅니다. '동기유발' 강의 시간에 동기유발이 안 되어 졸고 있는 교사들이 있다면 강사는 얼마나 부끄럽겠습니까? 그래서 아직도 턱없이 부족하지만 제 부족함을 알기에 더 많이 자료를 찾게 되고, 새로운 자료를 보는 대로 모으게 되었습니다.

   예전에 소화과정이 그림으로 그려진 티를 입고 '소화과정'에 대해 가르쳐주셨던 과학 선생님을 기억합니다. 잊으려 해도 잊지 못하는 장면이 되었습니다.

   '나리나리 개나리' 봄나들이 노래에 맞추어 '태정태세 문단세 예성연중 인명선……' 조선시대 왕조의 이름을 배웠습니다. 지금까지도 흥얼거리며 조선왕조에 대해 기억하게 되었습니다. 최근에는 아이폰을 통해 XRayFX 라는 프로그램을 보게 되었습니다. 마치 X레이를 통해 보듯 우리 몸의 뼈를 보여주는 시뮬레이션 모습에 많이 놀랐습니다.

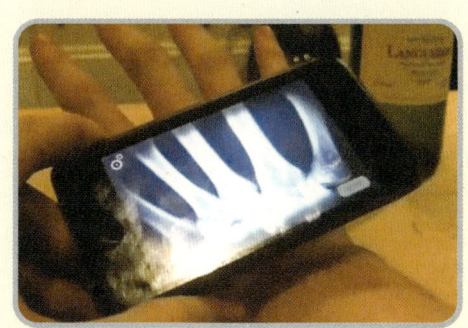

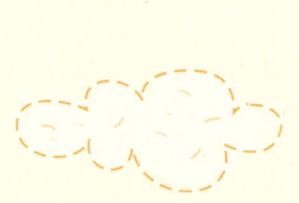
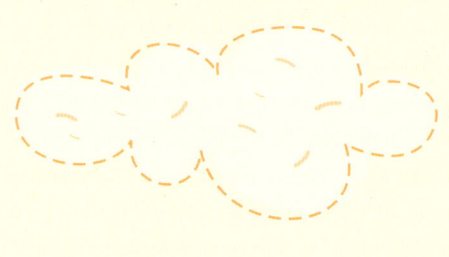

이러한 변화마저도 감싸안고 생활 속에서 '동기유발'의 좋은 소재를 찾고 있습니다. 특히 지금 만나는 아이들과의 생활이 가장 큰 '동기유발' 자료라는 생각을 많이 하고 있습니다. 올해 만난 아이들의 미술작품, 좋은 일기글 등이 모두 현재 만나는 아이들에게 가장 친근한 친구의 글이기 때문에 가장 살아있는 동기유발 자료가 되었습니다. 좋은 자료를 모으고 또 모으다 보니 수업을 준비할 때 조금 더 여유가 생겼습니다. 허겁지겁 그날그날 수업을 어떻게 할지 허덕이지 않고, 미리 주말에 일주일 수업을 그려보며 준비하게 되었고, 수업을 하면서도 그때그때 아이들의 모습을 관찰해 적어 놓게 되었습니다. 이러한 자료가 한 해 한 해 나를 다시 성장하게 해주고 있다는 것을 느끼게 되었습니다. 자신의 '성장'을 스스로 느낄 수 있게 되었다는 것은 놀라운 사실입니다. 한 해 한 해 내 자신의 부족함을 뼈저리게 느끼지만, 작년보다 올해 나는 더 잘하고 있습니다. 올해보다 내년에 나는 더 잘할 수 있으리라는 것을 알고 있습니다. 그래서 현재 만나는 아이들에겐 항상 미안하고 부족한 마음을 가지게 됩니다. 내년이면 지금보다 훨씬 더 좋은 선생님이 될 수 있는데…….

이 책은 동기유발 이론서가 아닙니다. 현장의 교사가 매일매일 수업 일기를 쓰며 좀 더 효과적인 동기유발을 하려면 어떻게 할지 고심하며 남긴 기록들입니다. 제 자신이 가진 한계를 넘어설 수 없는 근본적인 결함이 가득합니다. 우수한 교사는 '도입'에서 이미 어린이들을 사로잡아 버린다고 합니다. 저에겐 아직 택도 없는 차원의 이야기입니다만, 현장의 더 많은 실천서가 나오길 바라며…….

1학기 방학하는 날, 우리 반 서현이가 쓴 일기입니다. 서현이가 쓴 일기를 보니 기쁜 마음 한편에 내가 정말 이런 선생님인가 민망하기도 하면서, 이런 말이 부끄럽지 않도록 더 열심히 살아야지 다짐하게 됩니다. 처음 발령 나던 해, 아이들과의 갈등으로 교직을 그만두어야겠다고 생각했던 저였습니다. 아이가 공부에 대한 자신감을 되찾고 2학기 말 성취도평가에서 사회 100점을 받고, 제게 "꿈은 이루어진다"며 흥분하던 모습을 아직도 기억합니다. 교사로서도 한층 더 성장하는 기분이었습니다.

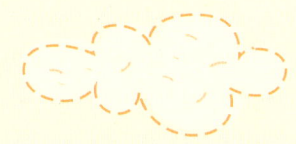

2009년 7월 9일 〈최고의 선생님〉

벌써 6학년의 반이 끝나간다. 난 6학년이 되고 나서 졸업하고 싶지 않다.
왜? 바로 허승환 선생님과 헤어지기 싫어서이다. 1학년 때 ○○○ 선생님, 2학년 때 ○○○ 선생님, 3학년 때 ○○○ 선생님, 4학년 때 ○○○ 선생님, 5학년 때 ○○○ 선생님, 이때까지만 해도 4학년 때 선생님이 최고로 좋으신 선생님이셨다. 그러나 6학년이 되고나서 생각이 바뀌었다.
허승환 선생님은 내가 6년 동안 학교생활을 하면서 최고의 선생님이 되셨다. 새로운 수업 방식, 철저한 관리, 부지런함이 내 눈을 반짝거리게 만들었다. 아마 이 세상에서 가장 수업을 재미있게 가르치시는 선생님이 있더라도 나는 '이 세상에서 가장 멋지고 완벽한 선생님은 누구냐?' 라는 질문에 당당히 허승환 선생님이라고 대답할 수 있다.
뮤지컬을 보여주시고, 매일 점심시간마다 나와 같이 놀아주시고, 매일매일 수업을 재미있게 만들어 주시는 우리 허승환 선생님이야 말로 최고의 선생님이시다.
내가 5학년 때 꿈이 한 가지 있었다. 그때 5반 선생님이셨던 허승환 선생님과 함께 야구를 하고 싶었다. 그리고 꿈은 이루어졌다.
그리고 꿈이 하나 더 생겼다. 사회 100점 맞기!
허승환 선생님을 만나고 나서 사회가 훨씬 즐겁고 재미있어졌다. 우리가 직접 하는 사회수업! 아 이런 사회가 어디 있나? 1학년 때부터 5학년 때까지 사회 공부를 한 것보다 6학년이 더욱 좋다. 6학년! 허승환 선생님을 만나고 나서 자신감이란 아이템을 얻어 기분이 황홀하다.
P.S. 선생님, 이제 1학기가 끝나갑니다. 제가 1학기 동안 잘해드렸는지 걱정이 되지만, 저는 허승환 선생님을 만나고 아주 많은 것을 알게 되었습니다. 이게 모두 선생님 덕분입니다. 선생님, 사랑합니다. ^^

2010. 3. 15 허승환

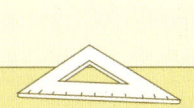   

Contents

머리글

01	수업 시작 5분을 잡아라	_ 10
02	동기유발에 대한 오해	_ 24
03	생각하는 발표력 키우기	_ 32
04	재미있게 놀이로 발표하기	_ 40
05	집중력을 키워 동기유발 하기	_ 50
06	학습목표 진술	_ 66
07	공동의 목표를 정해 동기유발 하기!	_ 74
08	아이들이 준비하는 퀴즈수업!	_ 82
09	교육연극으로 동기유발 하기	_ 90
10	색다른 빙고 게임으로 도입하기!	_ 100

11 톡톡 튀는 전시학습 상기 퀴즈! _110

12 포스트잇으로 모두를 참여시키기! _120

13 친구 가르치기의 비밀 '스피드 퀴즈' _130

14 1박2일보다 재미있는 복불복 '폭탄 게임' _140

15 모두가 참여해 즐거운 골든벨 수업! _150

16 공부의 신 열공비법! _162

17 감각적인 PPT파일로 눈길 끌기! _180

18 플래시툴로 눈 못 떼는 동기유발 하기 _194

19 UCC 동영상 자료도 척척! _204

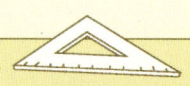

01

수업 시작 5분을 잡아라!

수업 시작 5분을 잡아라

수 수업 중에 학생들의 행동은 정말 다양합니다. 어떤 아이는 옆 친구와 장난을 치고 있고, 어떤 학생은 졸고 있으며, 어떤 학생은 선생님의 말씀을 집중하며 잘 듣고 있습니다. 모든 학생이 수업에 집중하게 하고 싶지만, 정말 쉽지 않습니다.

사 사람이 어떠한 행동을 하는 것은 그 행동이 욕구(needs)를 충족시켜줄 것으로 기대하거나 실제로 충족시켜주는 결과를 가져오기 때문입니다. 따라서 '욕구'란 개인을 움직이는 원천이라고 할 수 있습니다. 그러한 욕구를 '동기'라고 하며, 교사로서 이러한 상태로 이끄는 것을 '동기유발'(motivation)이라고 합니다. 동기란 말의 어원은 라틴어의 'moveers'에서 나온 것으로서 '움직인다'는 것을 뜻합니다.

수 수업 중에 학생들의 마음을 수업으로 이끄는 과정이 '동기'라고 할 때, **'동기유발'**은 학생이 학습에 있어서 학습효과를 결정짓는 가장 중요한 열쇠가 된다고 할 수 있습니다.
어떤 학생은 사회적 인정을 받기 위해, 부모의 칭찬을 듣기 위해, 좋은 성적과 같은 외적 보상을 얻기 위해, 어떤 학생은 선생님께 혼날까봐서 동기화됩니다. 이렇게 다양한 학생들에 맞게 동기유발 전략을 세우고, 수업을 준비하려면 우린 어떻게 해야 할까요?

내적 동기와 외적 동기

가 내적 동기와 외적 동기, 무엇이 더 중요할까?

- 어떤 일을 하고자 하는 동기는 크게 '내적 동기'와 '외적 동기'로 나뉩니다. '내적 동기'는 자발적인 동기로 보람, 책임감, 성취감 등으로 구성됩니다. '내적 동기'에 의한 활동은 활동 그 자체가 목적이 됩니다. 그에 비해 '외적 동기'는 보상을 받거나 벌을 피하려는 것입니다. '외적 동기'에 의한 활동은 일정한 목적을 달성하기 위한 수단으로 사용됩니다.

- 아이들이 공부를 하고자 하는 학습 동기 역시 "내가 하고 싶어서 공부한다"는 내적 동기와 "보상을 받기 위해 공부한다"는 외적 동기로 나눌 수 있습니다. 이건 꼭 아이들의 학습에 국한된 문제는 아닙니다. 간단한 질문 하나로 이 글을 읽고 있는 선생님의 교직에 대한 생각이 외적 동기와 내적 동기 중 어느 것에 좌우되는지 알아볼 수 있습니다.

  "만약 30억 로또에 당첨되어도 계속 교직에 남아 아이들을 가르치겠습니까?"

- 그렇다면 외적 동기와 내적 동기 중에서 어느 동기가 더 중요하겠습니까? 어떤 선생님은 그야 똑같이 중요하다고 대답하실지 모릅니다만, 그렇지 않습니다. 동기를 연구하는 심리학자들은 외적 동기가 동기유발 요인으로서 중대한 한계를 지니고 있다고 말합니다. 그 이유는 대략 네 가지로 구분할 수 있습니다.

  01 보상에 의해서 유발된 동기는 인간이 능동적으로 환경을 탐색하는 능력과 의지를 제한한다.

  즉, 보상을 받을 수 있는 공부만 하게 되므로 공부의 폭이 좁아질 수밖에 없는 것입니다. 학생들은 교실에서 독서왕, 발표왕 등 따로 스티커를 주며 칭찬해주는 것만을 가장 중요한 공부로 생각할 수 있습니다. 무엇보다 스키너의 강화 이론처럼 인간 스스로의 의지를 부정하는 것이기 때문에 좋지 않습니다.

  02 보상에 의한 동기를 지속시키려면 계속해서 보상이 제공되어야 한다.

  보상이 중단되면 공부도 중단됩니다. 더구나 보상의 양이 점차 많아지지 않는다면 보상의 효과를 기대하기 힘듭니다. 초등학생 때 인라인 스케이트나 자전거를 받기 위해 공부를 했다면, 중학생 때는 PC를 사달라고 할 것이고, 고등학생이 되면 좋은 대학에 들어가는 조건으로 자동차나 오피스텔을 사달라고 할지도 모를 일입니다.

전·개·하·기

시험을 앞둔 주에는 우리 반 주간 학급신문의 '교사가 쓰는 인사말' 코너에 꼭 이 글을 싣습니다.

> ★ **시험을 앞두고 미국의 한 초등학교 4학년 아이가 쓴 글입니다.**
>
> 〈한국에서 시험 보는 아이들끼리는 '으스스' 한 시험을 본다. 예를 들면 조건이 '70점 이상' 아니면 '100점 만점이면 mp3 사줄게' 등등……. 그러니 조용할 수밖에 없다. 하지만 여기는 다르다. 이곳도 시험 보기 싫어하는 아이들이 많다. 아이들은 다 아이들인가 보다. 그렇지만 이곳에는 '조건' 이 없다. 이곳 부모들은 그저 시험을 잘 보라고 할 뿐 다른 얘기는 없다. 이러다 보니 이곳 아이들은 시험에 대한 두려움이 없다. 이곳 아이들은 자유로운 분위기 속에서 한국처럼 '꼭 100점 맞아야 된다' 는 생각을 갖고 있지 않다. 그래서 아이들의 제대로 된 성적이 나올 수밖에 없다. 꼭 학원을 다니지 않아도 '내가 할 수 있다' 는 것만 알면 된다.〉
>
> 시험 스트레스로 아이들이 힘들어하지 않았으면 좋겠습니다. 부모님께 달려 있습니다.

O3 활동 자체보다 보상에만 관심을 갖게 만들 수 있다.

외적 동기를 강조하다 보면 아이들은 최소한의 노력으로 최대한의 보상을 얻기 위해 머리를 굴리게 됩니다. 책상에 앉아 딴짓만 하거나, 시험에서 커닝을 하거나, 비싼 학원을 보내달라고 떼를 쓸 수 있습니다. EBS 〈아이의 사생활〉에는 이런 실험이 나옵니다. 교사가 아이들에게 눈을 가린 상태로 다트 공을 던져 맞히면 상을 준다고 약속하고 자리를 비웁니다. 그런 후에 몰래 카메라로 아이들이 이런 상황에서 어떻게 공을 던지는가 관찰합니다. 재미있는 것은 이때 누가 보던 보지 않던 양심적으로 다트 공을 던진 아이와 몰래 안대를 벗고 공을 던진 아이들에게 물어본 설문 결과였습니다.

지금도 기억에 남는 두 가지 질문, ① 나는 공부를 열심히 하면 성적을 올릴 수 있다는 항목에 양심을 지킨 아이들은 대부분 6점 만점을 스스로에게 주었습니다. ② 삶의 질, 나는 행복하다는 항목에도 역시 내적 동기가 강한 아이들이 더 행복하다고 대답했습니다. 학교 교육의 목표는 학생들의 성적을 올리는 것이 아니라 아이들이 함께 행복하기 위해서라고 생각합니다. 그런 면에서 내적 동기를 강조하는 교실에서 행복한 아이들이 자라난다는 사실은 많은 것을 시사하고 있습니다.

저는 시험날 아침이면 예전에 본 만화의 한 문장을 인용해 미리 아이들에게는 이런 이야기를 들려줍니다. "오늘 두 가지 시험을 보려고 합니다. 하나는 기말고사이고, 또 하나는 정직 시험입니다. 전 여러분이 두 가지 시험을 다 통과하길 바랍니다. 하지만 한 가지를 포기하려면 기말고사를 포기하십시오. 세상에는 기말고사를 통과하지 못해도 잘 사는 사람들이 많지만, 정직 시험을 통과하지 못하면 그렇지 않기 때문입니다."

시험 전에 아이들이 마음속의 양심에 귀 기울이며 유혹을 이겨내도록 돕는 까닭은 오로지 '내적 동기'의 힘을 믿기 때문입니다.

04 물질적인 보상을 하면 내적 동기가 저하된다는 부작용을 낳을 수 있다는 점이다.

네 번째 이유가 가장 중요한 것 같습니다. 자발적으로 즐겁게 놀고 있는 아이들에게 금전적인 보상을 제공하는 순간 내적 동기가 약해지기 시작하고, 보상이 사라지는 순간 활동이 중지되는 것입니다.

> ★ 〈화폐 심리학〉이라는 책에는 재미있는 비유가 하나 소개되어 있습니다.
>
> 어느 노인이 외로이 살고 있는 동네에 매일 오후만 되면 동네 꼬마들이 나와 시끄럽게 떠들면서 놀았다. 어느 날 너무나 시끄러워서 견딜 수가 없게 되자 노인은 꼬마들을 집 안으로 불러들였다. 노인은 "너희들이 즐겁게 노는 소리를 듣고 싶지만 귀가 잘 안 들려 들을 수가 없으니, 매일 우리 집 앞에 와서 더욱 큰 소리로 떠들면서 놀아줄 수 없겠니?"라고 말하였다. 만약 그렇게 해준다면 한 사람에게 25센트씩 주겠다고 약속했다. 다음 날, 꼬마들은 쏜살같이 와서 야단법석을 떨면서 집 앞에서 놀았다. 노인은 아이들에게 약속한 대로 25센트씩 주면서 다음 날에도 와서 놀아 달라고 부탁하였다. 그 이튿날 아이들은 또 시끄럽게 떠들며 놀았고, 노인은 그 대가를 지불하였다. 그러나 이번에는 꼬마들에게 20센트를 주면서 돈이 다 떨어졌다고 말했다. 그 다음 날에 꼬마들이 받은 돈은 15센트였다. 게다가 그 다음 날은 다시 5센트로 값을 깎을 수밖에 없다고 말하였다. 그러자 아이들은 화를 내면서 이제 다시는 오지 않겠다고 말했다. "우리는 하루에 5센트만 받고서는 떠들 수 없어요."라고 소리쳤다.

학교 독서교육의 목표는 책을 많이 읽게 하는 것도 독후감을 잘 쓰게 하는 것도 아닙니다. '책을 좋아하도록 돕는 것', 결국은 내적 동기를 기르기 위한 목표를 가지고 있습니다. 따라서 책을 안 읽는다고 지나치게 혼내거나 독후감을 강제로 쓰게 하는 교육활동은 아무리 교사가 열심히 지도한다고 해도 책이 좋아 스스로 읽던 아이마저 스티커를 받기 위해 책을 읽는 아이로 변질시킬 수 있는 위험을 안고 있습니다.
공부를 좋아하는 아이들은 거의 없지만, "공부를 잘하고 싶다"는 소망이 없는 아이들도 거의 없을 것입니다. 누구나 공부를 잘하고는 싶어 합니다. 따라서 공부나 성적에 물질적 보상을 주는 것은 그나마 조금 남아 있는 내적 동기마저 꺾어버릴 위험성이 있습니다.

나 스티커를 이용한 외적 보상제도 활용 시 유의할 점

- EBS 〈TV로 보는 원작동화〉 중에서 황선미 작가의 '나쁜 어린이표' 편을 보면, 스티커 제도에 대해 아이들과 함께 이야기를 먼저 나눕니다. 교사들 사이에서 스티커를 이용한 외적 보상방법은 효과적인 학급운영 방법으로 많이 이용되고 있습니다. 이런 방법은 억지로 벌을 주거나 통제를 하지 않기 때문에 교사들 속에서는 합리적이고 효율적인 방법으로 이해되고 있습니다. 그러나 이 방법은 아이들의 자발성과 주체적인 행동을 인정하지 않습니다. 그 순간 아이들을 선생님의 뜻대로 움직이게 할 수 있을지는 모르지만, 그 아이의 내적 동기와 긍정적 행동은 기대할 수 없습니다. 이렇게 내적 동기를 부정하고 주체적인 인간을 부정하는 방법은 아이들의 인생에 영향을 미칠 수 있습니다.

- 이런 문제를 해결하기 위해서는 내적 동기를 길러줄 수 있는 교사의 노력이 필요합니다. 아이들은 좋아하는 일에 대해서는 스스로 내적 동기를 가지고 있으므로 그것을 끌어내어 '만족 지연 능력'을 키워주면 됩니다. 또한 아이들이 싫어하는 일일지라도 그것이 아이들 생활에 꼭 필요한 일이라면 '자기 통제 훈련'을 하도록 해야 할 것입니다. 그렇게 자기 통제 훈련을 하고, 활동에 의미를 부여해 나가는 아이들은 사람들이 싫어하는 일이라 하더라도 내적 동기를 가지고 그 일을 수용할 수 있기 때문입니다.

- 그러나 어린 학생들에게 내적 동기만을 요구하기도 어렵습니다. 스티커는 긍정적인 행동을 강화시키기 위한 수단이라는 것을 잊지 말아야 합니다. 스티커는 일종의 사탕발림이나 시럽과 같은 역할을 합니다. 어린 아이들은 감기약이 쓰다고 잘 먹지 않으려 하기 때문에 감기약에 시럽을 섞습니다. 시럽 자체는 감기를 치료하는데 아무런 도움이 되지 않지만 시럽은 감기약을 어린 아이들이 먹을 수 있도록 도와주는 역할을 합니다. 스티커가 하는 역할이 시럽과 마찬가지입니다. 스티커 자체는 교육의 목적이 아니며, 교육의 목표를 이루기 위해 도움을 주는 역할을 할 뿐입니다. 그러므로 스티커 제도의 기본 성격을 잘 이해하고 현장에서 활용해야 부작용을 최소화할 수 있습니다.

- 스티커 제도를 잘못 사용하면 다음과 같은 부작용들이 발생합니다.

  ❶ 스티커를 주지 않으면 긍정적인 행동을 하지 않을 수 있다.
  ❷ 부당한 방법으로 스티커를 가질 수 있다.

- 이러한 부작용을 최소화하기 위해서 활용상 몇 가지를 유의해야 합니다.

01 스티커 사용 시 계속 강화에서 간헐 강화로, 간헐 강화에서 무강화 내지 칭찬과 격려의 방법으로 강화를 사용하는 전략을 바꿔나가야 합니다.

즉 처음에는 스티커를 많이 사용하지만, 점차 의도적으로 스티커의 양을 줄여나가거나 주지 않으면 됩니다. 그래서 나중에는 스티커 없이도 스스로 행동을 할 수 있도록 유도합니다. 새로운 학습 행동을 습득할 때나 어려운 학습과제를 수행할 때에는 긍정적인 행동을 할 때마다 즉각적으로 스티커를 주지만 어느 정도 새로운 학습 행동을 습득하고 학생들이 익숙해지면 가끔마다 스티커를 주는 방법도 함께 활용합니다. 예컨대 퀴즈 문제를 5문제 푼다고 할 때 처음에는 퀴즈 문제 풀 때마다 5개의 스티커를 주었다면, 어느 정도 시간이 지나면 총 5개의 퀴즈 문제 중 3개 이상을 맞춘 경우에서만 스티커를 주는 것입니다.

02 교사는 외적인 보상을 주면서도 학생들의 내적 동기를 일으킬 수 있는 말을 계속 해주어야 합니다.

실제로 스티커나 점수를 주면서 지속적으로 "열심히 해서 다 끝마치니까 스스로 자랑스럽고 뿌듯하지? 스티커는 열심히 했다는 표시로 주는 것일 뿐이야."라는 말을 해주면 학생들은 점차적으로 자신의 내적인 동기에 주의를 기울이게 됩니다.

03 사탕이나 선물 하나에도 마음을 담아 전해야 합니다.

사탕이나 물질이 문제는 아니라고 생각합니다. 사탕을 주는 사람이 '사탕'을 전해주고 아무런 표현이 없을 때 그 사탕은 독이 되고 아이들의 이를 썩게 만드는 것이겠지만, 사탕은 형식이고 그 사탕으로 표현되는 선생님의 진실한 칭찬과 사랑이 전해진다면 충분합니다.

04 스티커판을 활용할 때 처음부터 10개쯤 붙여놓고 시작하면 좋습니다.

스티커에 별 관심도 없고 의욕이 없는 아이들 입장에서 생각해보면, 누구나 10개는 붙었으니 심리적 안정감이 있고, 혹시라도 양심의 유혹을 받아 친구들의 스티커를 떼는 등 여러 가지 불미스러운 일들을 예방할 수 있습니다. 0개부터 시작하는 것과 10개부터 시작하는 것은 정말 다릅니다.

전·개·하·기

관심 가져야 할 동기 이론

동기유발 설계이론 중에서 제가 주목하고 관심 가지는 두 가지 이론은 '켈러의 ARCS 이론'과 '와이너의 귀인이론' 입니다.

가 켈러(Keller)의 ARCS 이론을 활용한 동기유발 기법

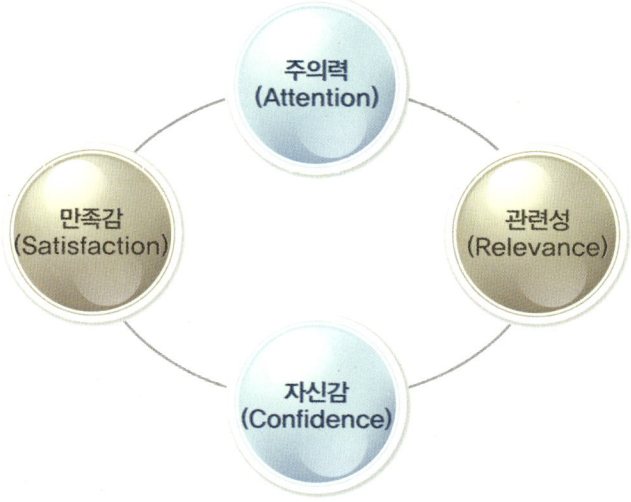

- 켈러는 동기유발을 시키기 위해 꼭 필요한 네 가지 요소로 주의력(Attention), 관련성(Relevance), 자신감(Confidence), 만족감(Satisfaction)을 꼽았습니다.

01 주의력(Attention) 유지 전략

일반적으로 교사들이 동기유발을 위해 가장 많이 신경 쓰는 부분이 바로 호기심과 관심을 유발해서 유지해나가는 주의력(Attention) 전략입니다. 흔히 교사가 수업 준비를 할 때 가장 많이 활용하고 있지요. 실물 자료나 구체적인 예를 활용하는 방법, 또는 특이한 상황이나 문제 사태를 제시하기도 합니다.
교수학습개발센터(http://classroom.re.kr)에서는 구체적으로 주의력 획득 및 유지를 위해서 다섯 가지 전략을 제시하고 있습니다.

❶ 수업내용의 제시 기법을 다양하게 하기
❷ 구체적인 예를 활용하기

❸ 특이한 상황이나 문제사태 제시
❹ 익숙한 경험과 생소한 경험을 동시에 제공
❺ 경험요소들을 비유적 방법으로 제시

02 관련성(Relevance) 유지 전략

관련성이란 학습과제와 학습활동이 학습자의 다양한 흥미에 부합되면서도 학습자에게 의미가 있고 또한 가치가 있을 것이라는 점과 관련된 것을 의미합니다. 수업계획에 있어서 학생들 각자에게 관련성을 지니고 있는 다양한 학습환경을 구성하기 위해서는 학생들의 개인적 요구, 관심, 흥미 등을 충분히 고려하여야 하며, 학생들의 과거 학습경험, 지금 성취하려고 하는 것, 미래에 가치가 있다고 생각하는 것, 현재 학습하게 될 내용 간에 서로 관련을 맺고 있을 때 그 학습내용이 관련성을 지니고 있다고 파악할 수 있습니다. 관련성을 높이기 위한 구체적인 전략으로는 세 가지 방법이 있습니다.

❶ 새로운 학습과제를 친숙하게 만들기
❷ 학습자들의 흥미와 관심사에 기초한 실제의 경험자료를 활용하기
❸ 학습내용의 미래지향적 가치에 관해 알려주기
　특히 학생들이 자신의 미래나 인생목표로 삼고 있는 관심사와 가치의 종류를 파악해, 학습내용을 그러한 것들과 관련시켜 알려주면 학습에의 관심도와 참여도가 높아지게 되고 결국 학습동기가 유발되게 됩니다.
❹ 수월성의 표준을 성취하는 기회를 제공하기
　학생은 자신의 성공이 ㉠ 자기 노력의 직접적인 결과라고 믿을 때, ㉡ 도전할 만한 '적절한 모험'이 따르는 상황이 제시되었을 때, ㉢ 그의 성공을 입증해주는 피드백이 제공될 때, 성취에 대한 개인의 감정이 향상됩니다.

6학년 1학기 국어 넷째마당 '의견을 모아서' 단원을 예로 들어보겠습니다. 보통의 경우 교사들은 '주장하는 글'을 가르치기 위해서 교사 커뮤니티를 통해 주장하는 내용이 분명한 신문기사나 뉴스 동영상 등 다른 교사들이 올린 자료를 다운로드 받아 준비합니다. 그나마 이렇게 준비하는 교사는 훨씬 칭찬 받아 마땅합니다. 그저 '티나라'나 '아이스크림'에 동기유발용으로 제시된 자료를 그대로 보여주는 경우도 허다합니다. 물론 많은 교과를 가르쳐야 하는 부담과 다급하게 쫓길 수밖에 없는 학습량 때문에 노래 한곡 부르거나 학습목표를 함께 따라 읽게 하는 정도를 '동기유발'이라고 생각하는 경우도 적지 않습니다만, 그것만으론 충분하지 않습니다. 예전 인천교육연수원 일급정교사 자격연수 중 '좋은 수업의 실제'라는 원고 중에서 노희수 선생님이 소개했던 사례입니다.

전·개·하·기

수업 시작 5분을 잡아라

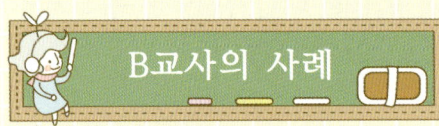

A교사는 이 수업을 위하여 주장하는 내용이 분명히 드러난 신문기사를 구하여 읽어주었다. 그리고 학생들에게 이 글에서 글쓴이가 주장하고 있는 것은 무엇인지를 질문하였다. 또한 주장을 뒷받침하기 위하여 어떠한 근거를 제시하고 있는지에 대하여 질문하였다. 학생들은 나름대로 자신의 의견을 발표하였고 A교사는 그들의 발표가 적절했음을 칭찬하고 학습목표를 제시한 후 수업을 시작한다. 과연 A교사의 학습목표는 무엇이었을까? 그리고 학생들은 어떠한 마음으로 수업에 참여했을까?

B교사는 이 수업을 위하여 교과서 도입 부분에 제시된 구두쇠의 이야기를 예로 들었다. 고기 냄새를 맡은 값을 내놓으라는 터무니없는 주장에 대하여 여러분들이라면 어떻게 그 주장을 반박할 것인가를 질문한다. 학생들은 나름대로 자신의 의견을 발표한다. 몇몇 학생들의 발표를 들은 뒤, B교사 역시 학습목표를 제시한 후 수업을 시작하였다.

C교사의 사례

C교사는 학생들에게 다음과 같은 이야기로 수업을 시작하였다.

C교사 : 선생님이 처음 자전거를 배운 것은 초등학교 4학년 때였습니다. 그런데 선생님은 자전거가 없었죠. 그저 친구가 탈 때 조금씩 빌려서 타다가 어깨너머로 배우게 되었습니다. 자전거 타기가 익숙해지고 나니 얼마나 자전거가 사고 싶었을까요? 그래서 부모님께 자전거를 사달라고 졸랐지요. 그런데 부모님의 반대가 심했습니다. 넘어져서 다치면 위험하다, 집 주변에 차가 많이 다녀서 마땅히 탈 장소가 없다 등…….

학 생 : 끝까지 사달라고 우겨요. 건강에 좋으니까 사달라고 해요. 우리 반에서 저만 자전거가 없다고 말씀드려요 등…….

C교사 : 그래! 좋은 의견이네요. 하지만 건강에 좋다거나 우리 반에서 나만 자전거가 없다는 사실은 무엇으로 증명할 수 있지?

> 학 생 : 자전거 타기가 건강에 좋다는 신문기사를 제시합니다. 자전거를 가지고 있는 아이들의 숫자를 조사하여 제시합니다 등…….
> C교사 : 그래요. 그런 방법으로 부모님을 설득할 수 있겠네요. 아마 여러분들도 선생님처럼 현재 어떠한 일이건 자신이 주장하고 싶은 이야기들이 많을 거예요. 여러분들은 무엇에 대해서 다른 사람에게 자신의 의견을 주장하고 싶은가요?
> 학 생 : 저는 강아지를 키우고 싶은데 부모님이 반대하십니다. … 저는 짝 바꾸는 방법에 대하여 선생님께 건의하고 싶어요. … 부모님께서 용돈을 너무 적게 주셔요…….
> C교사 : 그렇다면 여러분들의 주장을 성공적으로 전달하기 위해서 필요한 준비가 무엇일까? 그리고 이 수업을 마친 후 여러분들이 자신의 주장을 효과적으로 전달할 수 있다면 아마도 여러분들의 소원이 마법처럼 이루어지지 않을까?

어느 교사의 사례가 가장 효과적이라고 생각하십니까? 만약 위의 사례가 모두 적당하지 않다면, 선생님은 어떠한 방법으로 위의 수업을 실제 생활과 관련지을 것인가요? 자신의 주장을 논리적으로 펼치지 않고 주장을 위한 주장, 반박만을 위한 반박이 성행하는 요즘의 세태 속에서 어떻게 우리 아이들이 합리적인 주장과 근거를 제시하는 민주적인 시민으로 성숙되도록 도와줄 수 있을까요?

저는 실제로 아이들이 이 단원을 마쳤을 때, "엄마, 아빠, 꼭 들어주세요"라는 제목을 정해주면서 의견을 쓰도록 했습니다. 그 과정에서 스티브 툴민 교수님의 '육단 논법'을 활용하여 부모님이 반대하실 '반론'까지 예상하여 '반론 꺾기' 글쓰기 지도를 했습니다. '물론 엄마는 ~라고 말씀하시겠지만'이란 '반론 꺾기' 과정으로 아이들의 의견은 더욱 설득력 있게 진술되었고, 그렇게 추려진 아이들의 글을 매주 발행하는 '학급 신문'에 실어 부모님과 '마주 이야기'를 하고 일기에 쓰도록 했습니다. "일요일에 저도 다른 가족처럼 아빠와 놀이공원에 가고 싶어요."라는 글을 썼던 인옥이는 그 다음 주에 '서울랜드'에 가는 쾌거(?)를 이루기도 했지요. 결코 아이들의 삶과 가깝지 않은 듯한 학습내용이라 해도 '자기 속에서 소재 찾기' 과정을 통해 아이들의 삶과 관련 있게 동기유발 하는 전략, 그것이 바로 '관련성' 전략입니다.

03 자신감(Confidence) 형성 전략

'자신감'이란 학습과제를 성공적으로 마칠 수 있을 것이라는 신념을 갖게 될 때 유발됩니다. 어떤 목표를 성취하는데 있어서 학습자가 지니고 있는 자신의 능력에 대한 자신감은 실제의 능력 수준과 깊은 관련성을 맺고 있지 않습니다. 즉 자신감이 높은 사람은 실제의 능력 수준보다 더욱 높은 성취를 이루는 경향이 있습니다. 학습자에게 학습에 대하여 자신감을 길러주기 위한 전략으로는,

> 전·개·하·기

❶ 학습목표를 분명하게 알려주기
   EBS 〈다큐프라임〉 방송 중 '삼동초 180일의 기록' 편을 보면, 3년 연속 국가수준 학업성취도 평가 1위를 기록한 일본의 아키타현의 교육 방법을 취재했습니다. 방송 중에 기억에 남는 것은 차시마다 학습문제를 명확하게 학생들에게 제시하고, 학생들이 공책에 적는 장면이었습니다. 명세적인 교수목표를 제시해주면, 학생들은 학습의 과정에서 학습하게 될 내용에 대한 지적 도식을 형성하게 되고, 그러한 지적 도식은 학습과제를 성공적으로 수행해 나갈 수 있는 자신감을 학생들에게 형성시켜주게 됩니다.

❷ 난이도의 수준에 따라 학습과제를 계열화하기

❸ 학습자에게 개인적 학습조절전략 또는 학습자 통제전략을 적용하도록 하기
   뜀틀을 하나 지도하더라도 무조건 6단에 도전하게 하는 게 아니라 2단, 4단, 6단의 계열화를 통해 뜀틀을 못하는 아이라 해도 최소한의 도전과 자신감을 얻을 수 있도록 계열화해야 합니다.

04 만족감(Satisfaction) 부여 전략

제가 생각할 때 가장 중요한 전략은 바로 '만족감' 전략입니다. 학습 행위에서의 만족감은 학습자의 자신감, 주의집중, 장기목표와 학습활동과의 관련성 파악 등의 자기 관리 기능 및 인지전략을 개발시켜 줍니다. 만족감은 흔히 수업이 끝나고 나서도 동기유발이 된 모습을 보여줍니다.

우리가 태양계에 대해 가르칠 때, 어떻게 가르쳐야 가장 잘 가르친 것이라고 할 수 있습니까? 아이들이 수성, 금성, 화성 등 행성에 대한 해박한 지식을 가지고 있고, 시험을 잘 봤을 때입니까? 아닙니다. 교사가 숙제를 내지 않았는데도 도서실에 가서 태양계의 행성에 대한 책을 아이가 읽기 시작하고, 밤하늘의 별을 올려다보며 최초의 한국 우주인인 이소연 씨 같은 꿈을 꾸기 시작할 때입니다.

저는 놀이수업에 대한 강의를 할 때마다 자주 이 말을 하곤 합니다. 정말 제가 놀이 강의를 잘한다는 것은 여러 가지 놀이를 많이 소개하는 것도, 강의 내내 웃음이 끊이지 않게 재미있게 진행하는 것도 아니라고……. 그보다는 교실에 다시 돌아가서 아이들 앞에서 서투르고 어색하더라도, 한 가지 놀이라도 직접 교사 스스로 진행했을 때 강의를 잘한 것이라고…….

그런 점에서 '만족감'은 '수업 이후의 동기유발'이라고 할 수 있습니다. '만족감'을 부여하기 위해서는 다음과 같은 노력들이 필요합니다.

❶ 수행 결과에 대하여 다양한 피드백을 제공하기
   학습한 지식을 적용해볼 수 있는 연습문제나 모의 상황을 제공해주고, 그 수행 결과에 대한 관련성 여부를 스스로 확인해볼 수 있도록 하는 것이 바람직합니다. 이와 같은 피드백의 제공은 학습자들에게 내적 동기를 유발시켜주게 됩니다.

❷ 학습한 내용을 일반화하여 적용해보도록 하기
학습자들이 현실세계에 유용한 지식이나 기능을 학습했음을 확인할 수 있을 때 학습자들은 만족감을 경험하게 됩니다.
❸ 과제-외재적 보상보다는 과제-내재적 보상을 제공하기
위협, 감시, 수업에 대한 외재적 평가보다는 언어적 칭찬과 정보제공적인 피드백을 사용하는 것이 바람직합니다.

나 와이너(Weiner)의 귀인이론을 활용한 동기유발 기법

- 1950년대 이후로 행동주의가 약화되고, 인간의 인지를 중심으로 인간 행위를 설명하려는 시도가 버나드 와이너의 '귀인이론' 입니다. 성공이나 실패의 원인을 찾으려고 하고 그 원인을 무엇으로 귀인하느냐에 따라 후속 행동과 정서적 반응에 영향을 준다고 보았지요. 똑같이 시험을 망치고 나서도 아이들의 반응은 제각각입니다.

- 네 명의 아이들 중에서 다음에 시험 성적이 오를 수 있는 아이는 누구일까요? 와이너는 능력이나 과제의 난이도, 운은 통제 불가능한 환경이라고 생각했습니다. '노력' 만큼은 개인이 통제할 수 있는 환경이라고 믿었고, 결국 스스로 '노력'이 부족해서 시험을 못 봤다고 생각한 아이는 다음에 노력을 하게 되지만, 다른 변인의 경우에는 통제가 불가능하다고 믿기에 별다른 동기부여를 하지 못하게 됩니다.

- 흔히 '칭찬'은 아이들에게 자신감을 심어주고 동기를 높여준다고 생각합니다. 우리는 와이너의 '귀인이론'을 통해 어떻게 칭찬하면 좋은가에 대한 좋은 아이디어를 얻을 수 있습니다. 아이가 어떤 일을 잘했을 때 '똑똑하다' 라고 말하는 것은 반대로 아이가 잘못했을 때 '너는 바보야' 라고 말하는 것과 같습니다. 지능이

나 능력에 대한 잘못된 칭찬은 아이에게 평가목표를 설정해 뭔가 해보겠다는 동기를 빼앗아 버립니다. 그렇다면, 동기를 키울 수 있는 올바른 칭찬법은 무엇일까요?

- 칭찬을 해줄 때는 '노력'을 칭찬하고 '능력'을 칭찬하지 말아야 합니다. 머리가 좋다고 칭찬받은 아이는 실패할 경우 자신의 태생적인 머리를 탓하며 재기가 어렵지만, 노력을 칭찬받은 아이는 성공이나 실패의 원인을 자신의 후천적인 노력으로 귀인하므로 실패해도 얼마든지 다시 일어설 수 있습니다. 아이가 교실에서 한 활동에 대해 친구들과의 비교보다는 이전 시간에 비해 얼마만큼 노력이 더 들어갔는지 의식적으로 칭찬한다면, 아이들은 조금씩 변화될 것입니다.

- EBS 특집다큐〈동기〉프로그램에서 중학생을 대상으로 한 '귀인 실험'은 수영 시험을 보는 중학생들에게 실제 기록보다 저조한 기록을 알려준 후 재시도를 시켰을 때, 귀인성향에 따라 어떤 결과가 나오는지를 알아보는 실험입니다. 본 실험의 결과가 궁금하면 꼭 영상 자료를 구해보시길 바랍니다. 보고 싶다는 동기가 팍팍! 생기지 않나요? ^^

다 동기유발 자료 모으기와 나누기

- 일본의 수업 명인인 아리타 가츠마사는〈교사는 어떻게 단련되는가〉라는 그의 저서에서 이런 말을 했습니다.

- 「수업을 계획할 때, 교사는 '목표-내용-방법'이라는 순서로 생각한다. 즉 먼저 '학습목표'를 생각한 다음 목표에 걸맞은 '교재 내용'을 생각한다. 그러고 나서 소재에서 아이들의 어떤 생각을 끌어낼 수 있는가, 색다른 생각이 나오면 어떻게 할 것인가를 생각한다. 이렇게 발문, 순서, 자료 등을 생각하며 지도안을 완성할 것이고, 또 이런 형태가 압도적으로 많다.

  나는 이러한 사고 형태를 허물어 버렸다. 훌륭한 목표를 생각하기 전에 어떤 소재로 승부를 걸 것인가를 생각하자, 그리고 재미있는 소재를 찾아내자. 소재가 찾아지면, 목표를 그럴 듯하게 생각해내면 좋다. 굳이 생각하지 않아도 소재가 정해지면 목표도 정해진다. '재료 70에 솜씨 30' 아무리 솜씨 좋은 요리사도 썩은 물고기를 가지고 좋은 요리를 만들 수 없다. 하지만 신선한 물고기가 있으면 서툰 요리사가 요리를 해도 재료의 좋은 맛을 충분히 느낄 수 있다. 마찬가지로 좋은 소재가 있으면 솜씨가 좀 나쁘더라도 수업은 이루어진다. 교육(수업)에서도 좋은 소재를 찾아내는 솜씨가 중요하다. 이것이 소재 개발이다.」

- 아무리 수업기술이 뛰어나신 선생님도 어려운 제재나 딱딱한 제재로는 수업하기가 쉽지 않습니다. 먼저 아이들이 좋아할 수 있고 부담 없이 학습의욕을 불러일으킬 수 있는 소재를 찾은 후에 동기유발 된 자료

를 통해 수업목표를 유도하는 것이 좋은 방법이 될 것입니다. 그런 점에서 위에 소개한 방법은 조금만 응용하면 나름대로 다양한 소재 개발에 도움이 될 것입니다. 좋은 수업안을 찾는 것보다 좋은 소재를 찾아 직접 수업을 짜보는 것이 좋을 것입니다. 이를 위해서는 평소에 좋은 수업 자료를 모으기 위한 노력이 필요합니다. 먼저 초등학교 교육과정에 대한 이해가 선행되어야 하고, 그런 과정에서 우리가 주변에서 접하는 모든 것들(책이나 영화, 텔레비전 드라마 등)을 동기유발 자료로서 관심을 가지고 모아야 합니다. 하드디스크에 폴더별로 자료를 축척하거나 인터넷 홈페이지에 폴더별로 분류해 자료를 모으는 것이 가장 좋은 방법입니다.

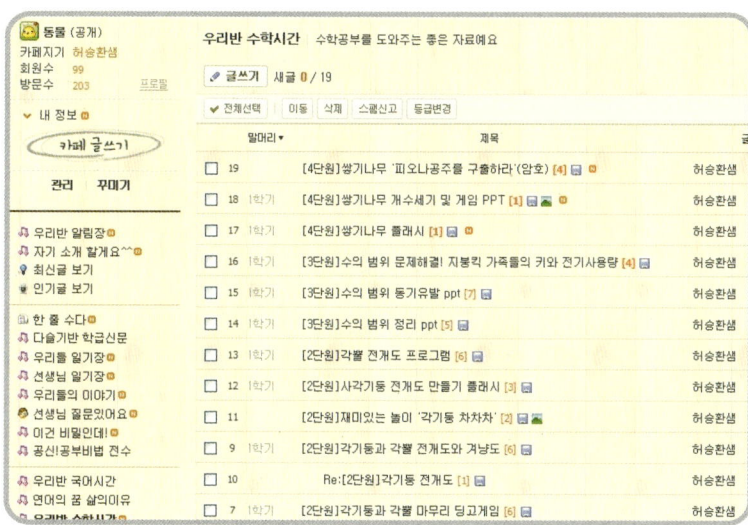

- 예를 들면 예능 프로그램인 〈무한도전〉에서 나오는 '허수아비 놀이'라는 전래놀이를 볼 때에도, 체육 시간에 '철봉 지도'를 떠올리면서, 보다 친숙하게 학생들을 지도하기 위해 방송을 보는 즉시 '기록'하는 관심이 필요합니다.

02 동기유발에 대한 오해

수업 시작 5분을 잡아라!

동 '동기'를 국어사전에서 찾아보면 **'행동을 일으키고, 유도하고, 유지하는 내적인 상태'** 라고 되어 있습니다. 동기는 학습에서 매우 중요한 부분입니다. 그건 누구나 다 인정하는 명제입니다. 동기가 학업성취도와 긍정적인 상관관계를 갖는다는 것도 연구를 통해서 분명히 드러납니다. 교사라면 당연히 효율적으로 학생들의 성취도를 높이기 위해서 학생들의 학습 및 성취에 대한 동기를 향상시킬 수 있는 요소들을 반드시 숙지하고 있어야 합니다.

그 그런데, 사실 '왜 배워야 하는가. 무엇을, 어떻게 가르치고 배워야 하는가?'에 앞서 따져보아야 할 '왜'라는 물음이 뒷전으로 밀려나 있는 것이 우리 교육의 현실입니다. 그저 등 떠밀려 치열한 경쟁에 내던져진 우리 아이들에게서 자발성과 창의력을 기대할 수 없음은 물론입니다. 그렇다면 현장에서 교사가 수업을 준비하며 동기유발을 계획할 때 주의할 점은 무엇이 있을까요?

동기유발을 계획할 때 주의할 점

가 동기유발은 수업 앞 단계에서만 하는 활동이 아니다.

- 아이들은 집중시간이 성인에 비해 현저히 떨어집니다. 미취학 아동의 집중시간은 10분 내외에 불과합니다. 아주 훈련이 잘된 1학년 아이의 경우에도 집중시간은 20분을 넘기지 못합니다. 따라서 주의력이 짧은 초등학생들에게는 15분 단위의 동기유발 전략을 세우는 것이 좋습니다.
많은 선생님들이 '동기유발'이 중요하다는 것도 알고, 수업 시작 전에 최소한의 '동기유발' 전략을 들고 수업을 시작하고 있습니다. 하지만, 동기유발 이후에 동기유발이 실종되어 있는 경우가 많습니다.

- 예를 들어 OX퀴즈를 교실에서 하는 경우를 생각해봅시다. 학생들이 가장 동기유발이 되는 경우는 교사의 질문에 50퍼센트 정도만 알 경우라고 합니다. 너무 어려우면 포기하고, 너무 쉬워도 흥미가 떨어집니다. OX퀴즈는 공부를 못하는 아이들도 모두 참여할 수 있고 몰라도 50퍼센트는 맞출 수 있는 도전감 있는 놀이수업입니다. 그럼에도 교사는 실패합니다. 문제를 출제할 때마다 탈락자는 한 명 두 명 늘어나고, 나중에는 모처럼 아이들을 재미있게 해주려고 준비했던 수업시간이 탈락한 아이들의 수다에 파묻혀버립니다. 교사는 "너희들은 재미있게 해주면 안 되는 애들"이라며 고함을 치고 아이들은 주눅이 들어버린 상황에서 다시 강의 중심 수업으로 회귀하는 경우가 허다합니다. 왜 열심히 동기유발을 준비하고도 실패했을까요? 교실에서의 실패는 성장의 좋은 기회입니다. 수업내용은 준비되어 있었고, 아이들의 눈은 반짝이기 시작했지만 저도 실패했었습니다. 그래서 실패 후 곰곰이 교실에서의 동기유발이 활용된 상황을 다시 머릿속에 그려보았습니다.

- 아이의 입장에서 다시 되돌아 생각해보았습니다. 들뜬 마음으로 수업을 시작했는데, 몇 문제 만에 탈락했습니다. 패자부활전 문제가 열 문제마다 있다손 치더라도 조용히 참고 문제를 내는 선생님을 지켜보기엔 너무나 지루한 시간입니다. 그 아이들에겐 함께 떨어진 친구들과 수다 떨며 노는 게 현명한 선택이지 않을까요? 한 문제 한 문제 진행될 때마다 떨어진 아이들은 늘어나고, 결국은 한두 명의 정해진 아이들만 남게 될 것입니다. 대부분의 아이들은 그 아이들을 바라보며 "쟤는 왜 저리 머리가 좋을까? 난 역시 안 돼."라며 자기도 모르게 부정적인 자아상만 키우는 결과가 생기지 않을까요?

- 일본의 한 초등교사는 이 고민으로부터 시작해서 운동회 때 사용하는 적백모자(바깥쪽은 흰색이지만 안쪽은 빨간색으로 안팎을 뒤집어서 쓸 수 있는 모자)를 활용했습니다. 교실 안에서 문제를 맞히면 빨간색 모자를 그대로 쓰고 있고, 틀리면 안과 밖을 뒤집어 흰색 모자를 씁니다. 다음 문제에서 또 틀리면 모자를 벗습니다. 결국 빨간색 모자→흰색 모자→모자 벗기의 과정을 통해서라도 다시 한 번 기회를 주었습니다.

전·개·하·기

적백모자로 분위기가 사는 O×게임

토치기현 오다 아키히로

집회 활동 등에서 잘 행해지는 O×게임입니다만, 일반적인 방법은 다음의 2개라고 생각합니다.

- 틀린 사람은 게임에서 점점 빠진다. (예: 자리에 앉기)
- 틀려도 그대로 계속 게임에 참여한다.

게임에서 빠지는 방식의 경우, 틀린 아이는 단지 게임을 보고만 있어야 해서 좋은 방법이 아닙니다. 또한 틀려도 계속 게임에 참여하는 경우는, 끝까지 참가는 할 수 있지만 틀려도 상관없기 때문에, 긴장감이 떨어지기 마련입니다.
이 상황에서 이용하는 것이 적백모자입니다.

- 우선 전원이 모자를 쓰고 퀴즈를 시작.
- 틀리면, 모자를 벗는다.

이렇게 하면, 누가 답을 맞혔는지 일목요연하게 알 수 있고, 틀린 아이도 게임에 계속 참여할 수 있습니다.
이것을 응용하여 다음과 같은 방법으로도 이용할 수 있습니다.

- 우선 전원이 모자를 흰색으로 해서 쓴다.
- 문제 하나를 틀리면, 모자를 빨강으로 뒤집어서 쓴다.
- 두 번째로 문제를 틀리면, 모자를 벗는다.

- 저는 이보다 간단하게, 교실에서 틀린 아이들만 의자를 밀어 넣고 바닥에 앉게 했습니다. 그런데 그냥 탈락하는 게 아니라 문제를 맞히면 다시 의자에 앉을 기회를 주었습니다. 다만 너무 쉽게 의자에 앉으면 도전감을 줄 수 없기 때문에 두 문제를 연속해서 맞혔을 경우에만 자리에 앉을 수 있도록 했습니다. 그것으로도 충분했습니다.

2장 동기유발에 대한 오해   전·개·하·기

나 동기유발은 꼭 좋은 자료를 준비해야 하는 것이 아니다.

- '동기유발' 하면 무언가 자료를 꼭 준비하는 것으로 오해하는 분들이 많습니다. 하지만 좋은 발문 하나가 수업을 바꿉니다.
  언젠가 사회과 공개수업에서 교사가 학생들에게 "화폐의 필요성은 무엇입니까?"라고 묻는 장면을 보았습니다. 교사는 아이들의 발문이 활발하지 않자 자꾸만 화폐가 왜 필요한지 물어보며 답답해했고, 수업을 보는 이들도 아이들과 함께 불안감을 느껴야 했습니다. 만약 그 선생님이 "만약에 세상의 돈이 한순간에 사라져버린다면 어떤 일이 벌어질까요?"라고 질문했다면, 교실은 훨씬 더 창의적이고 재미있는 이야기들이 쏟아져 나왔을 것입니다.

- 아리타 가츠미사 선생님의 〈교사는 어떻게 단련되는가〉라는 책에는 와타나베 선생님이 한 발문이 소개되어 있습니다. "여러분, 전쟁 영화가 그렇게 재미있습니까? 어떤 부분이 그렇게 재미있습니까?" 평소에 발표를 하지 않던 6학년 아이들이 앞 다투어 기관총을 쏘는 것, 사람이 퍽퍽 쓰러지는 것, 폭탄을 던지는 것, 집이 폭발하여 죽는 것 등이 재미있다고 발표했습니다.
  아이들이 더 이상 얘기하지 않고 생각할 무렵, 와타나베 교사는 나지막이 묻습니다. "퍽퍽 쓰러져 죽어가는 그 사람들이 만약 여러분의 아빠, 엄마, 형, 동생이라면 어떻겠습니까?" 즐거운 분위기가 한순간에 진중한 분위기로 바뀝니다. 그 교실엔 아빠가 전쟁터에서 전사하신 두 아이가 있었기 때문입니다.

- 수업을 준비한다면, 가장 신경 써야 할 부분이 바로 발문입니다. 교재를 철저히 연구할수록 아이들의 움직임이나 생각 등을 예측하는 마음이 자라나 더 좋은 발문을 할 수 있습니다. 저 역시 서툴지만, 매일 쓰는 학급일지에 시간별로 꼭 물어야 할 중요한 발문은 따로 적어보고, 다시 생각하려 노력 중입니다.

다 동기유발은 교사가 혼자 준비하는 것이 아니다.

- 동기유발에 대해 교사가 부담을 느끼는 오해는 교사 혼자서 동기유발의 모든 것을 담당하려 하기 때문인 경우도 있습니다. 그렇다고 아이들에게 많은 과제를 내어 아이들이 가져온 과제를 바탕으로 하여 동기유발을 하자는 것만은 아닙니다.

- 〈밥 파이크의 창의적 교수법〉 제2법칙은 '사람들은 자신의 정보와 의견에 대해서는 논쟁하지 않는다.' 입니다.

- 예를 들어 도덕 시간에 '어떤 친구가 좋은 친구인가?' 라는 주제로 수업을 해야 할 상황입니다. 처음부터

교사가 "~한 친구가 좋은 친구입니다."라고 설명하며 가르친다면, 아이들은 아무 생각할 필요도 없이 받아 적으며 지루해할 것입니다. 조금 성숙하고 반항기 있는 아이들 중에서는 "에~ 뭐가 그래? 어른들 생각이 다 그렇지!"라고 생각할지도 모릅니다. 이때 만약 '좋은 친구의 특징'을 그냥 교사가 하나하나 설명하는 대신 모둠별로 모여서 스스로 찾게 해보면 어떨까요? 아이들끼리 모여서 토의하며 80퍼센트 정도는 '좋은 친구의 특징'을 찾아내게 될 것입니다. 이때 교사가 남은 20퍼센트를 제시하는 것으로 충분합니다. 사람들은 자신이 찾은 정보나 의견에 대해서는 절대 논쟁하지 않기 때문입니다.

- 교실 수업에 활용하려고 다큐멘터리 영상 자료를 틀어줄 경우가 있습니다. 선생님이 미리 학습지를 만들어보지 않으면 풀 수 없는 문제를 담을 수도 있습니다. 반대로 아이들을 수업의 주체로 인정하고, 함께 수업의 동기유발 과정에 참여하도록 이끄는 방법도 있습니다. 영상 자료를 보며 모둠별로 나누어준 3장의 종이 카드에 영상을 보며 만든 문제와 답을 쓰도록 하고, 영상 자료를 다 본 후에 한 모둠씩 차례대로 문제를 제시하게 해보세요. 아이들은 자신들이 문제를 내면서 생각하고, 친구들이 낸 문제를 모둠이 함께 머리 싸매고 풀며 정리까지 하게 됩니다.

라 학습목표와 연계한 동기유발이어야 한다.

- 아이들은 "이 교과 내용이 내게 어떤 도움을 주는가?"라고 질문할 때 대답할 수 있어야 합니다. 교과 내용이 자기 자신에게 얼마나 이익이 되는지를 알게 된다면, 그들은 더욱 흥미를 가지고 집중할 것입니다. 그리고 짧은 시간 동안 교사가 기대하는 것보다 더 많이 배워갈 것입니다.

- 예를 들어 '문단의 중심내용 찾기'가 학습목표인 국어 시간입니다. 주어진 제재가 '김치'라는 이유로 '김치에 대한 동기유발'을 했다면, 학생들에게 수업 후에 무엇을 배웠냐고 질문했을 때 어떤 결과가 나올 거라고 생각합니까? 아이들은 "김치는 발효 식품입니다." "김치는 암을 예방합니다." 등 사회나 과학 시간에 할 만한 대답을 하는 경우가 많습니다. 아이들의 입에서는 "문단의 중심내용을 찾으려면 ~해야 합니다."라는 대답이 나와야 함에도 불구하고 말입니다.
학습목표에 집중해 수업을 하려면, 학기 초부터 수업시간에 따로 시간을 내어 '학습문제'를 직접 공책에 쓰는 시간을 주고, 잘 썼는지 확인해주어야 합니다.

마 흥미유발(학습에 관심 가지기)이 아닌 동기유발(실제로 학습을 하고자 마음먹는 것)이 중요하다.

- 학습의 성패는 학습의 시작부터 끝날 때까지 아이들의 정신이 얼마나 집중되느냐에 달려 있습니다. 학습자가 정신을 집중하여 학습에 임할 때 학습효과가 높아지겠지만 주의가 산만하면 학습효과를 기대할 수 없기 때문입니다. 그러므로 주의집중을 위해 학습상황에 적합한 자극을 줄 수 있는 다양한 방법이 필요합니다.

- 이때 '흥미유발'은 단순히 율동이나 수신호로 교사를 바라보게 하는 것입니다. 재미있는 마술이나 아이들이 어려운 손동작, 웃기는 이야기, 노래 등으로도 충분히 가능합니다만, 이렇게 유발된 흥미가 '동기유발', 즉 실제로 학습을 하고자 하는 마음까지 먹게 하느냐고 물었을 때, 그건 별개의 문제입니다.

- 예를 들어 '이름 박수'라는 박수가 있습니다. 도입시 아이들에게 재미있게 문제를 내지요. "수수께끼 하나 내겠습니다. 남자는 있는데, 여자는 없어요. 이 문제를 맞히면 허쉬 초콜릿을 주겠습니다. 그야 내가 허 씨니까.^^" 처음엔 짓궂은 아이들이 "거시기요."라며 실실 웃는 경우도 생깁니다. 이때 두 번째 힌트를 줍니다. "아줌마는 있는데, 아저씨는 없어요."
이제 짐작하셨죠? 맞습니다. 글자의 받침이지요.

- 수업시간에 "빅뱅 박수 시작."이라고 하면 아이들은 '빅'의 'ㄱ', 뱅의 'ㅇ' 받침이 2개이므로 손뼉을 두 번 쳐야 합니다. "2PM 박수 시작." 하면 M(엠)만 받침이 있으므로 손뼉을 한 번, 만약 '원더걸스'라면 두 번, '소녀시대'를 불렀다면 한 번도 치면 안 되겠지요?

- 문제는 수업시간에 딱 한 번만 조금 산만한 반 아이를 부르며 "○○○ 박수 시작" 하면 될 문제를 반 아이들 이름을 돌아가며 불러줄 때 발생됩니다. 잠시 수업에 흥미를 유발시키는 것은 좋지만, 율동이나 노래 등을 부르다 보면 수업시간을 많이 빼앗기게 됩니다. 딱 한 번 이름을 부르고, 이름 불린 아이를 환기시키며 손뼉 한번 치고 수업으로 돌아오면 됩니다. 잘못된 집중놀이는 흥미유발에 그쳐 자칫하면 수업의 흐름을 깨고, 남는 시간마저 놀아버리게 할 위험성도 있어서 조심해야 합니다.

바 경쟁심을 자극하는 것보다 협력하도록 동기유발 하는 게 낫다.

- 동기를 유발하는 방법에서 경쟁은 가장 일반적이며 자주 사용하는 방법입니다. 학교의 경쟁적인 환경조건은 학교 성적이 부진한 학생들에게는 문제가 됩니다. 학교 성적이 우수한 학생의 경우 경쟁적인 분위기가

자신감을 심어주는 결과를 주어 동기를 더욱 유발할 수 있지만, 성적이 좋지 못한 학생의 경우에는 자기 존중감의 위협을 받는 결과가 되어 동기가 약화됨으로써 학습과정에서 자기 패배감을 느끼게 될 것이고 학습동기 또한 떨어지게 될 것입니다.

- 이러한 문제점을 해결하기 위해서는 협동적인 학습활동으로 학생들에게 자기 능력에 대한 인식을 심어주어 학습에 흥미를 느낄 수 있게 해야 할 것입니다. 즉 경쟁에서 이기는 것 자체가 목표가 되는 것이 아니라 학습하는 과제의 습득과 학습 자체가 목표가 될 수 있어야 할 것입니다.

- 중요한 것은 스스로 배워나간다는 것과 협동학습입니다. PISA평가의 중요한 요소 중 하나는 집단 속에서 '함께 일하고 함께 배우는 능력' '함께 전략을 만들어내는 힘' 입니다. 우리 사회는 협동사회이지만 경쟁을 조장하는 사회입니다. 경쟁의 장점이 없는 것은 아닙니다. 하지만 장점보다 더 많은 단점들이 존재하며, 경쟁의 장점은 협동을 통해서도 충분히 달성할 수 있습니다.

- 〈핀란드 교실혁명〉이란 책을 보면, 핀란드의 기초학교에서는 서열을 매기는 평가 방식은 법적으로 엄격하게 금지됩니다. 기초학교에서는 학생들을 경쟁 스트레스로부터 보호하는 대신 공부에 대한 올바른 태도가 형성된 다음부터 경쟁을 인정합니다. 최소한 배움의 초기 단계에서 유쾌한 협동과 배움의 장이 되어야 마땅하다는 것입니다.

- 일본의 사토 마나부 교수도 낙오자를 가려내는 교육이 아니라 누구나 최소한 30세 이전까지는 아무런 사회적 제약 없이 몇 번이고 교육을 받고 도전할 수 있는 시스템을 만들어야 한다고 이야기를 했습니다. 핀란드에서도 경쟁의 순기능을 전적으로 부정하지는 않는다고 했습니다. 하지만 현실에서 나타나는 경쟁의 역기능이 워낙 심하기에 철저히 금지시키는 것입니다. 그 역기능을 세 가지로 들고 있습니다.

  [★1] 경쟁은 사고력을 약화시켜서 깊이 생각할 수 있는 여유를 빼앗는다. (시험에 나오지 않으면 공부하지 않는다.)
  [★2] 경쟁은 협동의 능력을 기를 수 있는 기회를 빼앗는다.
  [★3] 경쟁은 심각한 스트레스를 유발하고 공부에 대한 부정적인 태도를 낳는다.

- 경쟁에서 앞서면 된다는 생각이나, 비교 우위만 점하면 된다는 생각은 학습적 해이를 낳을 가능성이 매우 높습니다. 하지만 자신의 발전을 위한 공부에는 상한선이 없습니다. 가장 바람직한 것은 경쟁에서 살아남아야 한다는 동물적인 압박감에 의한 동기부여가 아니라 배우는 즐거움과 개인적 성취감을 위한 공부라는 인식이 강하게 자리 잡게 하는 것입니다. 즉, 스스로 하고 싶어서 하는 공부가 되어야 합니다.

- OX퀴즈를 하나 하더라도 모둠이 함께 협력하여 상의하게 해보세요. 학습이 부진한 학생들은 항상 "너 때문에 우리 모둠 망했어."라는 달갑지 않은 원망만 받아온 아이들입니다. 이 아이들과 함께 상의하며 정답을 결정하게 하면, 모둠이 정답을 토의하는 과정에서도 학습이 일어납니다. 학습이 부진한 학생들에게 가장 큰 동기유발 요인은 '교사의 인정'과 '모둠 친구들의 지지'라고 합니다. 간혹 아이가 공부해서 알게 된 내용이 나왔을 때 그 아이 덕분에 맞게 되면, 모둠 아이들로부터 열렬한 지지를 받게 됩니다.

사 보상을 통해 부여된 동기는 수명이 짧다.

- EBS 특집다큐 〈동기〉 방송을 보면, 이런 내용이 나옵니다. 다큐 팀은 6살 아이들을 대상으로 아이들이 좋아하는 놀이에 보상을 해주었습니다. 한 그룹의 아이들에게는 찰흙을 많이 갖고 놀면 선물을 주었고, 다른 그룹에겐 아무것도 주지 않았습니다. 일주일 후 찰흙놀이를 다시 했을 때, 보상을 받았던 아이들은 모두 금방 싫증을 느껴 다른 놀이를 했는데, 보상이 없었던 아이들의 경우 대부분이 변함없이 찰흙놀이를 즐겼습니다.

- 왜 이런 일이 벌어졌을까요? 바로 왜곡된 보상이 아이들의 내적 동기를 훼손한 것입니다. 흔히들 보상은 아이들의 동기를 더 높여줄 것이라고 생각하지만 그렇지 않습니다. 특히 이미 아이가 흥미를 느끼고 있는 것에 대해 보상을 주는 것은 '놀이'를 '일'로 바꾸는 것입니다.

수업 시작 5분을 잡아라!

03

생각하는 발표력 키우기

수업을 잘하려면 먼저 '거지발 발표'를 시키지 말아야 한다는 이야기가 있습니다.
거지발 발표란 '거수-지명-발표'로 이어지는 일반적인 발표방법을 말합니다. "교실에서 가장 많이 이루어지는 발표수업이 가장 문제가 많은 발표라고요?"라며 고개를 설레설레 저으셨다면, 존 케이컨의 〈협동학습〉에 나오는 한 구절을 잠시 머릿속에 그림을 그려가며 들어보세요.

「전통적인 교실에서는 학생들의 이해도 점검이나 복습, 또는 긴 시간 동안 강의를 한 후 학생들이 졸지나 않았는지 확인하기 위해 일제 문답을 한다. 일제 문답이란 학급 전체에게 질문을 하고 그중에 답을 아는 학생이 손을 들어 한 명씩 답하는 구조다. 이 구조를 자세히 살펴보자. 정말 심각하다! 교사가 40명의 학생들에게 질문을 하면 그중에 10명 정도가 손을 든다. 나머지 30명은 딴 생각에 빠졌거나 별로 흥미를 가지지 않는다. 어쨌든 교사는 한 학생을 호명할 수밖에 없다. 그러면 나머지 9명은 손을 내리고 그들의 참여하려는 마음도 함께 내려간다. 종종 작은 목소리로 불평하기도 하는데, 그것은 교사의 주의를 끌기 위한 경쟁에서 패했기 때문이다.

호명된 학생의 답이 교사의 의도와 다른 경우 그 아이는 갈등에 빠진다. 어떤 아이는 지푸라기라도 잡고 싶은 심정으로 아무 말이나 해대기도 한다. 이때 나머지 9명은 **마치 피 냄새를 맡은 상어처럼** 깨어나기 시작한다.

"선생님, 선생님, 저요, 저요."라고 소리치고 열광하며 생기를 되찾는다. 친구의 실패가 곧 자신이 교사에게 인정받을 절호의 기회로 되돌아온 것이다.」

계속 반복되는 질문과 거수–지명–발표, 활발하게 수업의 상호작용이 이루어지고 있는 듯하지만, 알고 있으면서도 손들기 부끄러워서, 발표하기 부끄러워서, 생각이 미처 나지 않아서 기회를 놓치는 아이들이 대부분입니다. 학습자는 개인 간의 차가 심합니다. 그러기 때문에 교사가 바라는 대답은 일시에 나오지 못하는 것이며 일부 몇몇 학습자 중심의 질문 대답이 순환 반복되는 결과를 가져오게 됩니다.

부산에서 잠시 교환교사로 근무할 때, 한 아이가 공개수업일 전에 제게 이런 질문을 했습니다.
"선생님, 내일 부모님 오실 때 정답을 몰라도 손들어야 해요?"
"무슨 질문이 그래? 그러다 선생님이 시켰을 때 정답을 모르는 아이들은 어떻게 하니?"
"어? 작년엔 정답을 몰라도 무조건 손을 들으랬어요. 대신 정답을 모르면, 고개를 왼쪽으로 15도 돌려 선생님과 눈을 마주치지 말라고 하셨어요."
온몸이 벌거벗겨지는 듯한 심정이었습니다. 공개수업 때 뒤에 들어오신 여러 선생님들과 교장, 교감 선생님은 속였겠지만, 아이들을 속일 수 없었습니다.
몇 년 전 동학년 선생님에게서도 비슷한 이야기를 들었습니다. 공개수업 때에만 모두 손을 들게 하고, 정답을 알면 오른손, 정답을 모르면 왼손을 들게 한다고…….

그렇다면, 어떻게 해야 할까요? 물론 마음으로야 모든 아이들이 다 수업시간에 손을 들고 적극적으로 참가해주길 바라지만, 소망으로 그칠 뿐 일부만 참가하는 것이 일반적인 현실입니다. 어떻게 하면 전원이 참가하여 발표하는 수업을 이룰 수 있을까요? 문제를 해결하려면 역시 아이들 입장에서 되돌아봐야 합니다.

전·개·하·기 수업 시작 5분을 잡아라

발표보다 먼저 '듣는 아이들'로 키운다.

 발표보다 먼저 '듣는 아이들'로 키운다.

- 공개수업을 볼 때 모둠별로 아이들의 준비한 활동을 발표하는 모습을 보노라면, 교사의 숙련도가 구별됩니다. 제가 구별하는 가늠자는 바로 한 모둠이 발표하고 있을 때의 다른 모둠의 자세입니다. 좋은 수업에서는 친구들이 발표할 때, 자기 모둠 발표 준비를 하느라 수다를 떨며 우왕좌왕하지 않습니다. 자기 모둠이 그랬듯이 준비하느라 힘들었을 친구들을 향해 우뢰와 같은 박수를 쳐주고 격려해줍니다. 반면 초임 교사의 수업에서는 친구들의 발표를 보지 않고 자기 모둠 발표하느라 떠드는 모습, 앞에 친구가 이미 발표했는데도 일어나서 같은 이야기를 또 하는 발표 등이 자주 보입니다.
배움이 있는 교실을 만들기 위해서는 "어떻게 발표를 할 것인가?"가 아니라 "어떻게 들을 수 있나?"를 가르쳐야 합니다.

- 도쿄대 사토 마나부 교수는 〈수업이 바뀌면 학교가 바뀐다〉라는 책에서 "공부 잘하는 아이란 듣는 데 능숙한 아이이고, 수다스러운 아이 가운데 배움에 능숙한 아이는 없다."라고까지 이야기했습니다. 서로 듣는 교실을 만드는 첫걸음은 우선 교사 자신이 아이 한 명 한 명의 목소리를 주의 깊고 정중하게 듣는 일을 끈기 있게 계속해야 합니다. 아이들이 잘 듣는 교실을 만들기 위해서는 먼저 아이들이 발표를 하는 틈틈이 교사가 중요한 내용들을 적어보는 것이 좋습니다. 정말 좋은 발표를 들을 때, 아이의 눈과 마주치며 학급일지에 적는 모습을 보여주면, 아이들은 더욱 신이 나서 열심히 발표합니다.
친구들이 발표한 내용을 잘 듣게 하려면, 또 하나 조심해야 할 습관이 있습니다. 교사 역시 '아이가 말한 것을 다시 복창하지 않아야' 합니다. 교사가 아이의 발표를 정리해서 다시 이야기해주면, 아이들은 친구의 발표를 듣지 않아도 되기 때문에 산만해지기 쉽습니다.

 충분히 생각할 시간을 주고 기다린다.

- 교사들이 가장 참기 힘든 유혹은 정답을 알려주고 싶은 유혹이라는 말이 있습니다. 또한 어느 논문에는 한국의 교사들이 수업시간에 발문하고 대답을 기다려주는 평균 시간이 2초라고 했습니다. 내성적인 아이들은 7초 정도의 시간이 걸린다고 합니다.
교사의 발문과 동시에 이루어지는 아이들 나름의 생각을 열어줄 수 있는 가장 효과적인 방법은 먼저 아이들이 생각할 충분한 시간을 주는 것입니다. 이때 '자기 나름의 생각'이란 결코 정답을 말하는 것은 아닙니다. 정답은 여러 단계를 거친 후 토의 끝에 얻어낼 것이며, 그것을 얻어내기 위해서 반드시 마련해야 하는

3장 생각하는 발표력 키우기

전·개·하·기

필수적인 요건인 것입니다.

아이들에게 수준 높은 발표를 기대한다면, 가장 먼저 해야 할 일은 좋은 생각을 할 수 있도록 30초 이상 충분히 기다려주는 일입니다. 그래서 노희수 선생님은 '1분 생각하기' 라는 방법을 제안하기도 하셨습니다.

다 생각메모지(또는 수첩)에 혼자 생각한 것을 기록한다.

- 자신의 생각을 기록하는 것은 아이들의 배움에 있어서 아주 중요한 부분입니다.
광주 수업기술센터 소장이신 전 한형식 교장 선생님은 '수업에서 구경꾼과 참관자로 나뉘는 시작이 바로 자신의 생각을 기록하느냐 기록하지 않느냐' 라고 하셨습니다. 한형식 선생님은 이를 **'홀로 생각하며 기록하기'** 라고 했습니다.

- 실제로 학생들이 자신의 생각을 기록하도록 충분한 시간을 주고 각자의 생각을 나누면 아이들도 적극적으로 수업에 참여합니다. 발문을 한 후에 "자신의 생각을 '요점만' 공책에 적으세요."라고 하면, 짧고 간단하게 글로 쓰게 됩니다. 일단 자신의 생각을 적고나면 자기 생각이 맞는지 틀린지 궁금하기도 하고 다른 친구들의 생각은 어떤지 비교해보고 싶은 마음이 절로 일어납니다.

- 생각을 확립하고 기록하는 작업에 소요되는 시간에 개인차가 있기 때문에 교사는 약 20초에서 30초 정도 기록을 할 시간을 주어야 합니다. 그 시간이 지나도 기록하지 못하는 학생은 아직 생각을 미처 하지 못한 아이들이기 때문에 기록한 생각메모지를 모둠 아이들과 서로 교환하여 서로의 생각을 나누게 합니다. 이 때 자신은 미처 생각하지 못했던 좋은 생각을 발견하면, 그것을 받아들여 자신의 생각의 일부 또는 전부를 수정함으로써 보다 더 타당한 생각으로 바꾸어 기록해 나가는 것입니다.

라 먼저 쓴 아이들은 칠판에 쓰게 해 참고자료로 활용한다.

- 일본 야마나시현 마에지마 교사의 지도 방법인데, 토스랜드 사이트(www.tos-land.net)를 통해 알게 되어 활용하며 효과를 보고 있습니다.
아이들이 생각메모지에 글을 쓰게 하거나 수첩에 글을 쓰고 있을 동안, 칠판에 점을 10개 정도 찍어둡니다. 생각메모지의 검사를 맡은 아이는 그 점 옆에 새로운 생각이나 자기만의 개성 있는 생각 등을 하나씩 쓰게 합니다. 이렇게 칠판에 쓰게 하면, 빨리 생각메모지에 글을 쓴 아이가 남는 시간에 할 활동이 되고, 생각이 나지 않아 쓸 수 없는 아이에게도 좋은 참고가 되며, 다른 아이들의 생각과 내 생각을 비교하게 하기 위해서입니다. "쓸 게 없어요."라며 어려워하는 아이들에게 칠판에 친구들이 쓴 글을 참고해 쓰도록 하

전·개·하·기

수업 시작 5분을 잡아라

라고 안내합니다. 조금 더 시간을 주었는데도 쓰는 게 어렵다는 아이들이 있으면, 마지막으로 "칠판의 여러 가지 생각 중에서 자신의 생각에 가장 가깝다고 생각하거나 가장 마음에 드는 생각을 따로 공책에 적으세요."라고 편하게 기회를 줍니다.

- 모든 아이들이 생각메모지나 수첩에 자기 생각을 적으면, 모두 일어나서 발표하고 싶은 사람부터 발표를 하게 합니다. 이때 조심할 것은 같은 대답이라 해도 "○○○와 같은 생각입니다"라고 말하지 않고, 꼭 생각메모지에 적은 대로 발표하게 해야 아이들의 발표하는 힘이 자라납니다.

마 모든 아이들이 듣고 발표하는 구조로 만든다.

- 어떤 아이들은 정말 아무 생각이 나지 않아서 손을 들지 못합니다. 그렇지만, 꼭 창의적인 생각이 있을 때만 발표해야 하는 것은 아닙니다. 그보다는 친구들의 발표를 잘 듣고, 어떤 발표가 좋은 발표인지 듣고 친구들 앞에서 발표하게 해도 충분합니다.

01 모둠 번호 지명하기

먼저 교사가 수업과 관련된 질문을 던집니다. "만약 시계가 없었다면 어떤 일이 벌어졌을까요?" 학생들이 자기 나름대로의 생각을 정하고, 생각메모지에 적습니다.

보통 한 모둠에 4명씩 있다고 생각할 때, 모둠 아이들에게 번호를 ①②③④ 이렇게 따로 정합니다. 충분히 시간을 준 후에 교사가 "각 모둠의 ③번 일어나세요."라고 하면 각 모둠의 ③번 아이들만 모두 일어섭니다. 이때 차례차례 자기가 생각메모지에 적은 내용을 발표합니다. 이때 앞 모둠의 아이와 발표 내용이 똑같다 해도 "앞 모둠과 같습니다."라고 이야기하지 않고, 똑같은 내용을 다시 자기 말로 발표하게 합니다. 이때 답을 모르겠으면 "통과"라고 하면 됩니다. 재미있는 것은 1모둠부터 차례대로 마지막 모둠까지 발표가 끝나면, 다시 "통과"를 외쳤던 아이 차례가 옵니다. 아까는 "통과"를 외쳤지만, 이제는 지금까지 발표한 다른 아이들의 이야기 중에서 가장 마음에 드는 내용을 발표해야 합니다. 결국 내 생각이 따로 떠오르지 않아도 친구들의 이야기를 귀 기울여 듣도록 구조화되어 있는 발표방법입니다.

한형식 교장 선생님이 제안하신 방법을 약간 응용해 활용하고 있습니다. 이때 발표하는 아이를 제외한 다른 아이들은 친구가 발표할 때마다 ○나 X로 자기 생각과 같은지 다른지 표시하며 듣게 합니다.

02 '번호순으로' 발표하기

교실에서의 발문 구조를 바꿔가야 합니다. 협동학습에도 '거지발' 발표수업의 한계를 넘어보려고 만들어진 '번호순으로' 발표방법이 있습니다. '모둠 번호 지명하기'와 달리 먼저 모둠 안에서 충분히 자기 생각들을 돌아가며 발표하는 것이 조금 다릅니다.

[번호순으로]의 단계
❶ 학생들 번호 정하기
❷ 교사의 질문
❸ 머리를 모아 문제 해결
❹ 교사가 번호를 지적

바 3단계 인터뷰, 6단계 인터뷰로 소그룹 토의 연습하기

- 모둠별로 토의를 하라고 하고 시간을 주면, 많은 경우는 전혀 학습문제와 관련 없는 수다를 떨거나 한두 명의 아이가 대화를 독점하는 경우를 보게 됩니다. 이럴 때 협동학습에서 자주 활용되는 3단계 인터뷰를 조금 더 강화한 '6단계 인터뷰'로 소그룹 토의를 시켜보세요. 고학년 교실이라면, 훨씬 심도 있는 토의를 하게 됩니다.

- 기존의 3단계 인터뷰는 ① 교사는 인터뷰(질의응답)할 내용을 제시하고, ② 모둠 내에서 둘 씩 짝을 짓고, 한 사람이 인터뷰를 합니다.(1단계) ③ 인터뷰가 끝나면, 짝을 바꾸어서 인터뷰합니다.(2단계) ④ 자신이 들은 내용을 모둠 안에서 순서대로 돌아가며 말합니다.(3단계)
저학년이라면, 이 정도의 인터뷰 토의로도 친구들의 발표를 열심히 듣는 훈련이 됩니다.

전·개·하·기

- '6단계 인터뷰'는 3단계에서 더 늘려 6단계로 토의하는 구조입니다. 토의 단계를 간단히 정리하면 다음과 같습니다. 먼저 교사가 간단한 주제를 제시합니다.

  ❶ 1단계: 1번이 2번에게, 3번이 4번에게 이야기합니다.
  ❷ 2단계: 2번이 1번에게, 4번이 3번에게 이야기합니다.
  ❸ 3단계: 1번이 2번 이야기를 3번에게, 2번이 1번 이야기를 4번에게 합니다.
  ❹ 4단계: 3번이 4번 이야기를 1번에게, 4번이 3번 이야기를 2번에게 합니다.
  ❺ 5단계: 1번이 자신의 이야기를 3번에게, 2번이 자신의 이야기를 4번에게 합니다.
  ❻ 6단계: 3번이 자신의 이야기를 1번에게, 4번이 자신의 이야기를 2번에게 합니다.

- 6단계의 구조로 인터뷰를 마치면, 같은 모둠 아이들에게 직접 듣지는 않았지만, 전해서 서로의 생각을 다 듣게 되어 잘 듣고, 잘 전달하는 능력도 자라게 됩니다.

04

수업 시작 5분을 잡아라!

재미있게 놀이로 발표하기

발 발표는 '30cm의 공포'라는 말이 있습니다. 무슨 말일까요? 여기서 말하는 '30cm'란 의자에 앉아있을 때와 일어섰을 때 엉덩이의 높이 차이랍니다. 그리고 '공포'란 앉아있을 때 느끼는 안락감에 비해서 발표를 위해 자리에서 일어났을 때 느끼는 감정적 스트레스를 말합니다. 결국 편안히 앉아있다가 선생님의 지시에 의해 발표하려고 자리에서 일어나는 것만으로도 아이들은 어느 정도의 공포감에 휩싸이게 되어 있습니다.

우 "우리 반 아이들은 발표를 거의 하지 않아 고민이야. 발표하는 아이들도 몇 명 정해져 있거든. 이렇게 매일 일부 발표 잘하는 아이들에 의해 수업이 진행되고 있어. 많은 아이들이 다양한 발표를 해주었으면 좋겠는데……"

발 발표하는 아이가 적기 때문에 수업이 제대로 되질 않아 걱정인 선생님들의 고민을 흔히 듣습니다. 어쩌면 이와 같은 고민을 하지 않는 교사는 없다고도 말할 수 있을 것입니다.
그런데 정말 아이들은 발표하기를 싫어하는 것일까요? 쉬는 시간, 그리고 밖에서 자유롭게 놀 때에는 큰 소리로 말하고, 소풍갈 때 버스나 전철 안에서의 그 소란스러움이나, "조용히 해라." "입 다물어라." 라고 아무리 말해도 조용히 할 줄 모르는 아이들의 그 넘치는 에너지를 보면…….

아 아이들은 결코 '발표하기를 싫어하는' 것이 아닙니다. 사실은 발표하고 싶어서, 이야기하고 싶어서 견딜 수가 없는 것이 아닐까요? 그것이 아이들 본래의 요구이며, 자연스런 모습입니다. 그러나 그것을 위축시키고 있는 그 '무엇'이 있습니다. 그래서 어린이들은 그 '무엇' 때문에 말하지 못하며, 말하지 않는 것이라고 인식하는 것이 무엇보다도 중요합니다.

4장 재미있게 놀이로 발표하기

전·개·하·기

발표 습관을 키우는 학급경영

가 마키타 신지의 〈틀려도 괜찮아〉 그림 동화 활용하기

- 저는 3월 첫 주, 발표 지도를 시작할 때 예스24(http://www.yes24.com)의 [채널예스] 코너에 공개되어 있는 [플래시 동화]를 활용하거나 실제 도서관에서 빌려온 그림 동화를 활용하여 발표에 대한 두려움을 떨쳐버릴 수 있도록 지도합니다.

- 예전에 수많은 청중 앞에서 발표를 하게 된 한 선생님이 떨면서 그 긴장감을 이기려면 어찌해야 할지 고민할 때, 친구가 한 조언을 듣고 그 공포를 이겨냈다는 이야기를 들었습니다. 어떤 조언인가 했더니 관중석에 있는 수많은 사람들을 보고 "저건 사람이 아냐, 저건 호박이야."라고 자성 예언을 하고 호박밭에서 이야기하듯 이야기했다는 겁니다.

- 발표를 잘하기 위한 첫 번째 조건은 역시 떨지 말아야 합니다. 무작정 떨지 말라고 하면 참 어려운 주문이지만, '엄마 앞에서 하듯' 하라고 말해주면 아이들은 훨씬 편안하고 안정감 있게 발표를 하게 됩니다.

나 아침 2분 말하기 지도를 통한 발표 훈련

- "매일 하는 것이 사람을 변화시킨다." 제가 가장 좋아하는 격언입니다. 아이들의 인생을 변화시키는 건 '매일 꾸준히 하는 것'입니다. 만약 아이들의 발표력을 키우는 게 정말 큰 관심사이고, 반 아이들의 발표력을 키우려고 계획했다면, 매일 의도적이고 지속적인 지도가 필요합니다. 매일 아침 돌아가며 '2분 말하기' 지도 및 평가를 시작해보세요.

01 말하기 틀을 제공해 돌아가며 말하기

가장 손쉽게 지도할 수 있는 방법은 하루에 한 번씩 전체 학생에게 말하기 기회를 제공하는 것입니다. 교사가 말하기 틀을 제공하고 학생들이 돌아가면서 모두가 말하도록 하면 됩니다. 말하기 틀은 완성된 문장의 한두 곳을 빈 칸으로 하여 제공합니다.

전·개·하·기

예를 들어 월요일 아침이라면,
교사: 지난 주말에 가장 즐거웠던 일은 _____ 입니다.
예은: 나는 지난 주말에 친구들과 놀이 공원에 놀러가서 가장 즐거웠습니다.

교실에서는 전체 방향이 ㄹ자로 돌아가며 모든 학생이 순서대로 발표하면 됩니다. 방학 전이라면 "방학동안 꼭 하고 싶은 일은 _____ 입니다."라는 주제를 주어 돌아가며 이야기하게 합니다. 이 단계에서 좀 더 발전하면 교사가 말하기 주제를 정해주고 돌아가며 말하기를 시킵니다.

02 아침 2분 말하기 지도

아침마다 해오고 있는 2분 말하기 시간에 5학년 성운이가 했던 말하기입니다.

> 요즘 사람들은 거의 대부분 뜻도 모르고 함부로 말을 하는 경우가 많습니다.
>
> 그런 행동을 하는 상혁이를 보신 선생님께선 '씨X'과 '지X'이라는 단어의 뜻을 자세히 가르쳐 주셨습니다. 그 단어의 뜻을 알게 된 우리 반 아이들은 "아~"하고 고개를 끄덕였습니다.
> 그때부터 우리 반은 그 단어들을 쓰지 않기로 정했습니다.
>
> 수업을 마친 후, 학교에서 아이들보다 조금 늦게 출발해서 우리 아파트 정문에 들어서려고 할 때, 큰 소리로 욕을 쓰는 3, 4학년 아이들의 목소리가 들려왔습니다. 우리 반에서 쓰지 말자고 했던 그 단어들을 마구 써댔습니다.
> 나는 그 아이들 곁으로 가서 "너희들, 너희들이 말한 그 단어의 뜻을 알고 하는 소리니?"라고 말을 했더니, "그런 단어에 뜻이 어디 있어?"라고 말했습니다.
> 내가 그 단어의 뜻을 자세히 알려주었는데도 불구하고 "에이~ 그런 건 몰라도 돼. 그냥 짜증날 때 쓰면 되지."라고 말하였습니다.
>
> 난 너무 건방지게 말을 꺼내서 충고를 해주려다가 다시 입을 막았습니다. 왜냐하면 나도 그 뜻을 몰랐을 때 그 아이들처럼 행동하였고, 나도 그 단어의 뜻을 몰랐다면 그 아이들처럼 말했을 것이기 때문입니다.
> 나는 나의 행동부터 반성하고자 맘을 먹고 집에 들어와서 반성하였습니다. 그리고 다음부터는 욕 자체도 쓰지 않고 뜻을 모르는데 쓰고 있는 단어가 있다면 사전이나 인터넷을 통해 찾기로 결심했습니다.

여러 사람 앞에서 조리 있게 말을 잘하는 것은 어른들에게도 쉽지 않은 일입니다. 아침마다 2분 말하기 지도를 10여 년 넘게 해오고 있습니다. 2008년도에 5학년, 2009년도에 6학년을 지도하게 되면서, 전 해에 가르친 6명의 아이들을 또 가르치게 되었습니다. 2년을 지도하며 아침마다 해오던 습관대로 '2분 말하기'를 지도했습니다. 재미있는 것은 처음 가르친 아이들은 2분을 통과하는 아이들이 30명 중에서 5명이 채 안 되었는데, 지난 한 해 동안 2분 말하기를 했던 아이들 6명 중 5명의 아이들이 2분을 거뜬히 넘겨 자기소개를 하였습니다.

말을 잘한다는 것은 결국 자신의 생각을 잘 표현해 상대방이 알아듣도록 하는 것입니다. 한마디 한마디를 또박또박 힘주어 말하고 겸손하지만 당당한 자세를 보이도록 지도하는데, 저는 1년 동안 세 가지 방법으로 아침 2분 말하기를 지도합니다.

★ 1단계: 스스로 주제를 정해 말하기
★ 2단계: 컴퓨터 플래시 자료로 뽑은 주제에 대해 말하기
★ 3단계: 친구들이 주제를 적은 쪽지 뽑아 말하기

다른 아이들은 이 발표를 직접 또는 TV 화면을 통해 보며, 이야기를 귀담아듣습니다. 이때 초시계를 들고 있는 도우미 아이는 발표한 아이가 얼마만큼 이야기했는지 발표를 마치면 알려줍니다. 만약 1분도 넘지 않았으면, 다음 날 다시 발표를 하도록 합니다.

매일 아침 8시 50분에 실시되는 이 시간에는 남·여 어린이가 1명씩 나와 '우리 가족 소개' '칭찬합니다' '내가 존경하는 인물은' 등 그 달의 주제에 따라 발표합니다. 다른 어린이들은 이 발표를 들으며, 자신이라면 그 내용을 어떻게 발표할 것인지를 생각합니다. 처음에는 딱 1분으로 시간을 제한해도 좋습니다. 많은 생각을 짧은 시간 안에 발표하려면 미리 요약·정리해 짜임새 있게 구성해야 하므로 사고력이 크게 향상됩니다.

처음 1단계에는 부담스럽지 않게 모두들 자기가 직접 주제를 정해 발표합니다. 물론 이때에는 교사가 원고를 먼저 받아 고쳐나갈 수 있도록 하고, 발표된 원고는 학급문집 등의 자료로 활용합니다.
2단계로 진행할 때는 2분 말하기 플래시툴을 활용합니다.('예은이네' picture.edurmoa.com-[플래시학급경영]) 아이들이 교탁 앞에 컴퓨터 마우스를 이용해 직접 주제를 뽑고, 나온 주제에 대해 생각할 시간을 1분 정도 줍니다. 그사이에 저는 '마음 나누기' 시간을 진행합니다. 친구들에게 고마운 점, 서운한 점, 미안한 점을 자유롭게 발표하도록 합니다. 특히 고맙고 미안한 점을 이야기할 때는 많은 칭찬을 했습니다.
발표가 끝나면, 앉아있는 아이들의 평가가 뒤따릅니다. 평가는 특별히 내용에 대한 칭찬과 함께 이렇게 하

전·개·하·기

면 더 좋겠다는 부탁을 하도록 연습시키고 있습니다.

대개 3월에는 '자기소개'를 하게 되는데, 무엇보다 듣는 사람이 관심 있을만한 주제인지 생각해보도록 합니다. 교실에서 가족 소개 수업 활동을 해보면 대부분의 아이들이 "우리 엄마예요. 집안일을 하세요. 우리 아빠예요. 회사에 가서 돈을 벌어오세요. 내 동생이에요. 유치원에 다녀요."가 전부랍니다. 이보다는 다음과 같은 발표가 나오도록 사전 지도를 합니다.

"엄마는 제가 친구를 데리고 오면 친절히 대해주시고 맛있는 것도 만들어주세요."
"아빠는 늘 바쁘시지만 쉬는 날에 저와 축구를 하세요. 전 아빠가 좋아요."
"동생은 제 공책을 자꾸 찢어서 저를 화나게 해요."

물론 이런 말들을 자연스럽게 할 수 있게 하려면 평소 가정에서 자연스럽게 대화가 되어야 하며, 무엇보다 아이 스스로가 진실로 그렇게 느껴야 한답니다. 그러니까 아이가 가족에 대해 어떤 생각을 가지고 있는지 아이의 생각을 끄집어내주셔야 하겠지요.

어떤 아이는 마인드맵 준비를 해와 실물화상기로 10분 동안 발표하였습니다. 아이가 발표한 내용, 발표 태도 및 발표 형식에 대해 다른 아이들이 평가를 한 후에는 선생님이 짧게 몇 마디를 하며 북돋워주세요. 또한 매일 돌아가며 발표하므로 다음 날 발표할 아동의 준비상태를 점검해 끊김 없이 진행되도록 자극하고 격려해주셔야 합니다. 발표할 때 자신이 쓴 원고를 봐도 되냐고 질문하는 아이들이 많습니다. 통상적으로 주어진 시간의 20퍼센트 정도만 내려다보면 괜찮습니다.

자투리 시간 같지만 일 년이면 아이들은 변합니다. "물방울이 바위를 뚫는다."는 믿음으로 일 년을 실천해 봅시다.

4장 재미있게 놀이로 발표하기

재미있는 놀이로 발표하기

- 새로운 다짐으로 수업을 시작한 교실에서 이왕이면 아이들이 좋아하는 '놀이'를 통해 조금은 더 편안한 마음으로 더 많은 아이들이 발표할 수 있도록 이끄는 방법을 찾아보고 싶습니다.

엽기토끼 발표하기

- '예은이네'에 강요한 선생님이 만들어 올려주신 엽기토끼 발표 플래시툴은 list.txt 파일을 메모장으로 열어 우리 반 아이들 이름을 입력하면, 재미있게 발표할 학생을 선발할 수 있습니다.('예은이네' picture.edurmoa.com-[플래시학급경영]) 한 번 뽑힌 학생은 다시 나타나지 않기 때문에 모든 아이들에게 고루 발표할 기회를 주며 재미있는 엽기토끼가 뽑아주기 때문에 더욱 즐겁게 발표에 참여합니다. 마우스로 변기 위의 '토끼'를 클릭하거나, 키보드의 'Space Bar'를 누르면 학생이 선발됩니다. 다만 한번 발표를 한 아이들은 다시는 발표하지 않아도 된다고 생각하고 수업태도가 흐려질 수 있기 때문에 친구들의 발표를 잘 들었는지 되물을 필요가 있습니다.

나 지브리쉬어로 말하기

- '갈가리' 서준호 선생님(http://blog.daum.net/teacher-junho)께 소개받은 연극놀이인데 교실에서 평소에 발표를 하지 않으려는 아이들도 놀이라고 생각하면서 즐겁게 참여하는 아이들이 나오곤 합니다.

- "지금 우리들은 이 세상에 존재하지 않는 '지브리쉬'라는 나라에 살고 있습니다. '지브리쉬'에서는 '지브리쉬어'만 쓸 수 있습니다. '선생님 안녕하세요.'라고 말하고 싶으면 말도 안 되는 지브리쉬어를 만들어 말해야 합니다."라는 식으로 약간의 시범을 보여주고 '내가 좋아하는 것' 등의 주제를 준 후에 '지브리쉬어'를 사용하는 시간을 가지면, 웃음을 참지 못할 만큼의 재미있는 발표가 이어집니다.

- 서준호 선생님의 사이트를 방문하시면, 선생님과 반 아이들의 재기 넘치는 동영상을 아이들에게 보여줄 수 있습니다.^^

다 얼음땡으로 발표하기

- 모든 학생이 발표에 참여하게 하는 방법 중에 '얼음땡 발표'도 재미있습니다.

- 자신의 생각이나 의견이 정리되면 제자리에 조용히 서서 '얼음' 동작을 취합니다. 점점 일어서는 아이들이 많아지고 어느 순간 모든 아이들이 자신의 생각을 정리하여 자리에서 일어서게 됩니다. 반 아이들 모두가 생각이 정리되어 일어서게 되면, 그중 한 사람을 교사가 '땡'하며 풀어줍니다. 얼음에서 풀린 아이는 자신의 생각을 발표합니다. 그 아이가 발표하고 나면, 같은 생각을 가진 아이는 함께 앉습니다. 교사는 서있는 다른 아이에게 '땡'하며 풀어줍니다. 이렇게 하다 보면, 평소에 자리에 앉아서 발표 한번 하지 않던 아이도 자신의 생각을 분명하게 얘기하게 됩니다. 그리고 듣는 아이들도 새로운 의견에 주의 깊게 귀를 기울이게 되는 효과를 보게 됩니다.

라 엑스맨 발표하기

- 국어나 도덕, 사회 교과 등 아동들의 발표가 중심이 되는 수업을 시작하기 전에 먼저 엑스맨을 5~10명 정도 융통성 있게 선정합니다. 책상 위에 눈을 감고 엎드려 있을 때 뒷머리를 선생님이 살짝 손으로 친 아이들이 엑스맨으로 선정되는데, 아이들의 눈치가 빨라서 혼란을 주기 위해 그냥 손을 갖다 대면서 한 바퀴를 돌고 난 후 수업을 시작합니다.

- 수업시간에 엑스맨으로 선정된 아이는 적어도 한 번 이상 발표를 해야 합니다. 수업이 끝날 즈음에 골든벨 판을 꺼내 엑스맨일 것 같은 사람을 4명 정도 적으라고 하고 다 맞히면 학급의 보상제도 대로 보상합니다. 만약 엑스맨이 활동을 못하면 노래나 춤을 보여주도록 약속하는데, 발표를 안 하는 아이들, 특히 여학생들의 발표율이 높아집니다.

마 발표 화살표로 발표하기

- 놀이를 이용해 발표자를 뽑는 방법입니다. "발표 화살표를"이라고 교사가 선창하면, 학생들은 "쏘세요."라고 모두 함께 외칩니다. 이때 남자아이들은 다른 모둠의 여자아이를, 여자 아이들은 다른 모둠의 남자 아이를 가리키도록 약속합니다. 이때 교사가 5부터 10까지의 숫자 중에 하나를 부르고, 처음 가리킨 아이부터 숫자를 크게 "1"이라고 세기 시작합니다. 처음 선생님이 지명한 아이가 가리킨 다른 모둠의 아이는 이어 "2"라고 외칩니다. 이렇게 숫자만큼 손가락을 따라가서 마지막 숫자에 해당하는 아이가 발표하게 됩니다.

바 텔레파시 가위바위보 발표하기

- 특별히 한 아이를 뽑아 지명하기 곤란할 때에 교사와 발표할 학생 모두가 함께 가위바위보를 하는데, 교사와 같은 것을 낸 아이들만 선생님과 텔레파시로 마음이 통했다고 하면서 발표를 시킵니다. 만약 교사와 같은 가위바위보를 낸 아이가 8명이라면, 그 아이들만 차례차례 발표를 할 기회를 주면 됩니다.

사 "이웃을 사랑하십니까" 놀이로 발표하기

- 개개인의 의견을 듣고 싶을 경우, "당신은 이웃을 사랑하십니까" 게임을 응용해 발표를 시키면 됩니다. 예를 들면,

  ① 안경 낀 사람 모두 일어나세요.
  ② 자기가 잘 생겼다고 생각하는 사람 일어나세요.
  ③ 이 씨 성을 가진 사람 모두 일어나세요.
  ④ 인간성 좋은 사람 일어나세요.

- 이때 같은 의견이 나오면 서 있던 아이라도 "빙고"라고 외치며 자리에 앉게 합니다.

아 '번개' 발표

- 민주 시민 교육을 통해 많이 알려진 〈강풍법(강의를 풍요롭게 하는 방법)〉의 저자 김성학 씨의 발표지도 방법입니다.

- 번개처럼 휘몰아치는 방법이라 해서 붙여진 이름인데, 평소에 자주 하던 방법과 달리 '연사 금지' '중복 허용'의 두 가지 법칙이 있습니다. ㄹ자로 전체 학생이 돌아가며 모두 발표하는데 따로 생각나는 게 없으면 "통과"를 외칠 수 있습니다. 그런데, 바로 앞 친구가 통과를 외치면 다음 친구는 무언가는 말해야 합니다. 다만 앞 친구가 이야기한 것이라 해도 마음에 드는 의견이 있으면 또 이야기해도 좋습니다. 여러 번 나오는 의견은 그만큼 중요하다고 생각할 수 있기 때문입니다. 처음 시작할 때 오늘 수업과 관련된 발문을 하나 준비해서 모든 아이들의 생각을 들어보면 아주 좋습니다.

- 학생들의 발표력 신장은 하루아침에 이루어지는 것이 아니며, 교사의 꾸준한 관심과 지도가 특히 요구됩니다. **놀이를 통해 학생들에게 더 많은 발표기회를 제공하고, 학생들의 발표기법 체득에 의한 수준 높은 발표로 수업의 효율성을 극대화시켜 교실 수업을 개선할 수 있도록 꾸준히 노력해야 하겠습니다.**

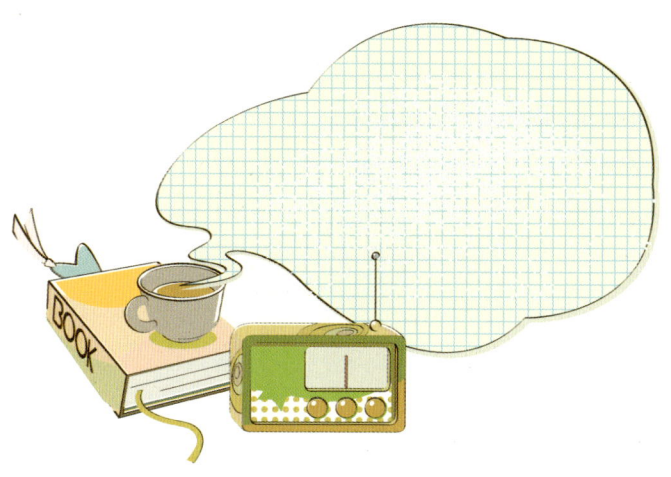

수업 시작 5분을 잡아라!

05

집중력을 키워 동기유발 하기

요즘 떠드는 애들 때문에 고민이네요. 더군다나 애들이 떠드는 선에서 멈추는 게 아니라, 집에 가서 우리 반 너무 떠든다고 얘기를 해서 학부모님이 찾아오셨어요. 갑자기 무능력해지는 느낌이……
올해는 유독 애들이 활발하고 목소리도 크네요. 저한테 질문을 하다, 서로 이야기를 하고 그러면 곧 시끄러워집니다.
샘들!! 어떻게 하면 아이들을 효과적으로 조용히 시킬 수 있을까요?

 한 교사 커뮤니티에 올라온 익명의 글입니다. 선생님이라면, 어떤 답글을 써주시겠습니까? 직접 써보시겠습니까?

컴 컴퓨터 게임할 때는 엄청난 집중력을 보이는 아이가 공부할 때는 영 집중을 못한다면, 그 아이는 집중력이 있는 것일까요? 없는 것일까요? 수업시간 내내 딴짓만 하던 아이가 "문제를 빨리 풀면 집에 보내주겠다."는 선생님 말씀에 다른 아이들보다 훨씬 빠른 속도로 문제를 푼 뒤 자리를 박차고 일어났다면, 그 아이는 집중력이 높은 것일까요? 낮은 것일까요?
전문가들은 둘 다 '집중력이 부족한 경우'라고 합니다. '집중력'의 사전적 정의는 '마음이나 정신을 집중할 수 있는 힘'이지만, 자신이 하고 싶은 것, 흥미를 느끼는 것에 몰입하는 것은 집중력과 별로 관계가 없습니다.

흥 흥미를 덜 느끼더라도 꼭 해야 하는 일에 집중할 수 있고, 그 상태가 지속되어야 비로소 "집중력이 있다"고 말할 수 있습니다. 집중력이 학습능력과 밀접한 관계를 가진 이유입니다.

집 집중력이 부족한 학생들에게서 학습의 효과를 기대하기는 어렵습니다. 학습에서 주의집중을 방해하는 요인은 내적 외적으로 마음이 산만해진다거나 싫증, 수면 부족, 학습에 대한 관심 부족 등 여러 가지가 있을 것입니다. 따라서 교사는 다양한 학습 사태에서 이러한 주의 산만한 요인들을 확인하고, 극복할 수 있는 방법을 사용하여 학습자가 주어진 학습과제에 지속적인 흥미를 가지고 몰두하도록 예상치 못한 단순한 사태에서부터 정신적 자극을 일으키는 문제 제공까지 수업에도 적절한 변화를 주는 기술이 필요합니다.

전·개·하·기

 # 집중력 높이기 1단계

1단계 동기를 파악하고 불안을 없앤다.

- 집중력을 발휘하는 동기가 무엇이냐에 따라 아이들의 집중력은 크게 차이가 납니다. 아이들의 학습 동기는 숙달 동기와 경쟁 동기, 그리고 회피 동기로 나눌 수 있습니다.

- 공부하는 과정 자체에 흥미를 느끼는 경우를 '숙달 동기'라고 하는데, 가장 이상적이지만 거의 볼 수 없습니다. 많은 아이들이 '경쟁 동기'로 집중력을 발휘하는데, 다른 아이들보다 잘하고자 하는 욕구, 주변의 인정, 결과에 대한 보상을 목적으로 동기가 유발됩니다. 하지만 공부에 대한 스트레스가 상대적으로 심하고, 이 때문에 집중력이 지속되기 어렵습니다. 결과가 나쁠까봐 자신에게 어려운 과제는 회피하기도 합니다. 가장 나쁜 경우는 야단을 맞거나 창피를 당하기 싫어서, '회피 동기'로 공부를 하는 것인데 과목마다 성적 편차가 심하고 심리 상태가 몹시 불안정하며, 공부를 하면 할수록 자아존중감이 낮아지게 됩니다.

- '경쟁 동기'나 '회피 동기'는 다른 사람과 비교하거나 성적표를 중심으로 아이를 평가하는 부모의 태도가 가장 큰 영향을 미치므로, 집중력을 키우기 위해서 마음속에 새길 첫 번째 원칙은 '단 10분을 집중하더라도 스스로 원해서 할 수 있도록' 도와야 한다는 것입니다.

- 집중력을 키우기 위해서 교사가 활용하는 방법은 '외적 주의집중'과 '내적 주의집중'으로 나누어 생각해 볼 수 있습니다.

외적 주의집중의 실제

- 외적 주의집중력이란 겉으로 보이는 여러 가지 수신호와 박수, 율동 등을 통해 산만해진 아이들을 집중시키려는 전략입니다. 집중놀이에 대해서는 이미 많은 레크리에이션 과정이나 제가 이전에 쓴 〈두근두근 놀이수업〉에 잘 나와 있으므로, 그중에서 효과가 있는 방법만 따로 소개드립니다.

가 마법의 엄지손가락 '침묵 신호'

- "내가 주목하라는 신호로 엄지손가락을 드니, 마법에라도 걸린 듯 12초도 지나지 않아 모두 입을 다물었고, 서른한 명이 똑같이 공중에 엄지를 들어 올려 내 신호를 받아들였다는 표시를 했다. 그리고 아이들의 눈이 한꺼번에 내게로 확 쏠렸다."

- 에스메이 코델 선생님이 쓴 〈에스메이의 일기〉 중에 나오는 문장입니다. 협동학습을 통해 '침묵 신호'라고 알려져 있는 이 집중 방법은 학생들을 교사에게 집중하도록 할 때 사용하는 신호입니다.
  ① 교사가 (박수를 두 번 치고) 한 손을 입에다 대고 다른 한 손은 든다.
  ② 학생들이 교사의 신호에 따라 오른손을 들고 하던 일을 멈추고 무조건 교사를 쳐다본다.
  ③ 교사가 손을 내리면 학생들도 손을 내린다.

- 교사가 손을 들면 곧이어 가까이 있는 학생들이 손을 들고 이어서 다른 학생들도 따라하게 됩니다. 마치 연못에 돌을 던졌을 때, 조용히 퍼져 나가는 파문과 같이 조용한 집중은 교사로부터 전 교실에 물결처럼 퍼져 나갑니다.

- 처음에는 '교사 손들기→먼저 본 아동 소리 없이 손들기(동심원처럼 퍼져감)'로 진행하지만, 익숙해지면 손을 들지 않고, '교사 손들기→먼저 본 아동 침묵하기(동심원처럼 퍼져감)'의 과정으로 진행합니다.

- 침묵 신호의 성공 조건은 교사가 학급의 전원이 침묵 신호를 하고 선생님 눈과 마주볼 때까지 기다릴 줄 알아야 한다는 것입니다. "내가 안 하면 친구들이 모두 손을 든 채 기다리고 있다!"는 것을 알게 되면, 차츰 침묵 신호를 하는 소요시간이 줄어들어서 어떤 때는 불과 2~3초 안에 교실 전원의 집중을 얻을 수 있습니다. "조용히 하세요!"란 말을 절대 쓰지 않겠다고 결심하고, 그 말을 하고 싶을 때마다 침묵 신호를 시행해보세요. 곧 침묵 신호에 익숙해질 뿐 아니라, 그 재미와 효과를 톡톡히 보실 것을 장담합니다.

활·동·하·기 01

수업 시작 5분을 잡아라

나 벌금 시간

- 타이머를 이용해 학생들이 교사를 주목하고 조용해지는 시간을 재서 그 시간만큼 돌아오는 토요일의 자유 시간을 줄이겠다고 약속합니다. 학생들은 자유 시간을 잃지 않기 위하여 스스로 통제를 잘하려고 애쓰게 됩니다.

다 하나둘셋넷 쉿

- 선생님을 따라 손가락을 세어보겠다고 합니다. 오른손을 입 앞에 가져가고 조용히 엄지를 꼽으며 "하나"라고 합니다. 물론 아이들은 선생님과 똑같이 "하나"라고 말하며 엄지를 접어야 합니다. 두 번째는 가운데손가락 '중지'를 접으며 "둘" 하고 말합니다. 세 번째는 반지를 끼는 '무명지'를 꼽으며 "셋", 네 번째는 새끼손가락을 접으며 "넷"이라고 말합니다. 마지막 남은 검지를 입에 가까이 가져가며 "쉬—" 합니다. 저학년 교실이라면, 아이들이 소리까지 크게 따라하는 경우가 있어서 소리를 내지 않는 것이 좋습니다.

라 색깔 놀이

- 교사가 호명하는 색깔에 따라 아이들이 재빨리 반응하여 행동하게 합니다. 미리 각 색깔에 따라 해야 하는 행동을 약속하고, 산만할 때 이 약속을 다 같이 행하게 합니다. 빨간색이라고 외치면 손을 위로 올리고 "빨강" 하고 외치면 아동은 재빨리 손 아래로 정지하고, "초록"이라고 외치면 손을 위로 올려 반짝 반짝 흔들어야 합니다. 교사가 색깔을 말할 때 힘 있고 빠른 템포로 진행하면 더욱 아이들이 놀이 속으로 빠져듭니다.

마 교실 얼음땡

- 아이들이 소란스럽고 집중하지 못할 때 "하나 둘 셋 얼음" 구호와 함께 동작을 멈추도록 약속합니다. 이때 만약 "인어공주"라고 외치면, 인어공주는 목소리를 빼앗기고 두 다리를 얻는 이야기처럼 교실에서 돌아다닐 수는 있지만, 말을 하지 않기로 약속합니다.

바 왼손빼기 박수

- 왼손으로 꼽아 보여준 손가락 수보다 -1, 오른손으로 보여주며 꼽은 손가락 수에 +1만큼 박수를 치도록 약속합니다. 아이들이 교사의 손을 보지 않으면 안 되는 집중놀이이며, 마지막에는 왼손으로 손가락 하나를 꼽아 보여주고 아이들의 실수를 유발하면 재미있습니다.

사 이름 박수

- 이름 속에 있는 글자의 받침 수만큼 박수를 칩니다. 처음에는 아이들이 좋아하는 가수, 예를 들면 "빅뱅 박수 시작." "원더걸스 박수 시작." 등으로 유도하며, 이때 받침의 개수에 따라 '빅뱅'이라면 2번, '원더걸스'라면 2번, '2PM'이라면 1번 치면 됩니다. 익숙해지면, 수업 중에 주의가 산만한 아이의 이름을 한 번 부르며 박수를 치게 합니다.

아 기본 박수

- 선생님이 이전에 보여준 박수를 기억해서 치도록 합니다. 손가락 4개를 꼽으며 "기본입니다. 박수 2번 시작."이라고 외치면, 방금 전에 꼽았던 4번의 손뼉을 쳐야 합니다. "박수 5번 시작."이라고 이어서 외치면, 이번에는 방금 전의 2번을 치면 됩니다.

자 이야기를 통해 집중시키기

- 수업시간에 주의를 끌게 하는 요인으로서 수수께끼, 농담, 재미있는 이야기나 일화를 사용하면 좋습니다. 우리가 가르치는 아이들은 영상 세대입니다. 좋아하는 텔레비전 연예인들의 재치와 농담에 익숙해져 있습니다. 교사로서 수업 중에 흥미를 끄는 최근 유행이나 수수께끼나 농담 혹은 이야기를 하면 학생들의 동기를 유발하는데 큰 도움이 됩니다.

- 이야기를 시작하면 비현실적인 요소가 많다 보니 "정말?" 하며 눈을 동그랗게 뜨고 호기심을 나타냅니다. 시간의 흐름에 따라 '그래서 어떻게 되었을까?' 궁금하게 생각하며 어느 새 아이는 이야기 속에 빠져듭니다. 주인공이 되어서 주인공과 함께 기뻐하고 슬퍼하기도 합니다. 나름대로 앞으로 벌어질 사건을 예상하기도 하는데 자기가 상상한 대로 이야기가 전개되면 기쁨은 배가 됩니다. 스토리텔링은 부모가 해도 좋고

학교에서 선생님들이 수업 시작 전에 동기유발의 한 방법으로 활용해도 효과적입니다.

- 교과서의 이야기를 할 때에도 우리 반 아이들의 이름을 주인공 대신 넣어서 읽어줍니다. 역사 수업을 하면서 1반은 고구려, 2반은 백제, 3반은 신라라고 하면서 이야기를 하면 더욱 실감나게 듣게 됩니다.

차 노래를 통한 주의집중 방법

- '예은이네'에 올라온 고민입니다. 쉬는 시간이 끝나는 줄 모르고 돌아다니고 있다가 수업종이 울리고 나서야 자리에 앉는 아이들…… 저학년은 더욱 심합니다.
아침 8시 40분이 되면, 아침독서를 시작하고 싶습니다. 매번 "자리에 앉으세요. 조용히 책을 봅시다."라고 말하는 것보다 효과적인 방법이 있습니다. 바로 노래를 이용한 주의집중 방법입니다.

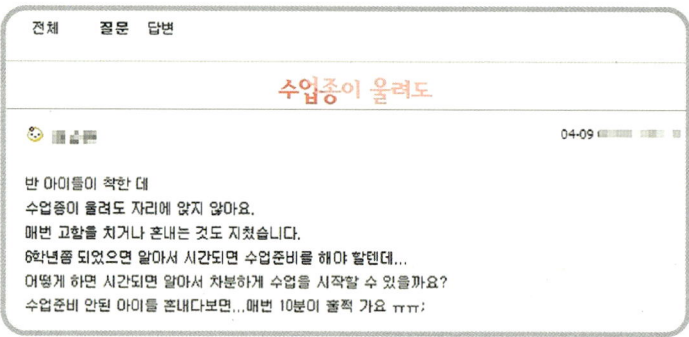

- '아침독서로고송' 플래시노래는 부산의 오경산 선생님이 만들어주신 자료입니다.

- 8시 40분이 되면, 학급 임원이 나와서 컴퓨터로 틀게 했더니 다른 말이 필요 없게 책 읽는 분위기가 정착되었습니다.

- 쉬는 시간이 끝나고 공부시간이 시작될 때에는 이만규 선생님이 만드신 '수업 시작송'을 많이 활용합니다. 새우깡 CF송 가사를 바꾼 재미있는 내용에 즐겁게 부르게 됩니다.

- 그 외에도 '공부시작노래' '공부끝노래' '바른자세송' 등의 좋은 플래시노래를 활용하면 좋습니다.
  그런데 매번 교사가 기억하여 플래시노래를 실행하는 것도 귀찮아진 저는 이천중학교 김정식 선생님께 부탁드려서 '학교종 3.5' 프로그램을 활용하고 있습니다.

- 외부 소리를 잘 이용하면 아침 자습 시간에 '아침독서로고송' mp3 음악을 정해진 시간에 틀어줄 수 있고, 등교시간에 조용한 음악을, 점심시간에는 흥겨운 음악을 틀어줄 수 있습니다. 같은 폴더에 music1.mp3, music2.mp3라고 이름을 만들어 넣으면 됩니다.
  저 같은 경우는 '공부시작노래'를 bell1.mp3, '공부끝노래'를 bell2.mp3로 만들어 넣었습니다. 아울러 윈도 운영체제가 시작될 때 [시작 프로그램]에서 자동으로 실행되도록 설정하여 유용하게 활용하고 있습니다. 학교종이 나기 1분 전에 예비종처럼 음악이 나오기 때문에 아이들이 자리로 돌아가 수업준비를 하게 됩니다.

활·동·하·기 02

내적 주의집중의 실제

- 고학년을 중심으로 적용할 수 있는 내적 주의집중 방법을 살펴보겠습니다.

가 좋은 음악 들려주기

- 미국 캘리포니아 대학 신경생물학센터의 로셔 박사는 36명의 대학생에게 모차르트의 '두 대의 피아노를 위한 소나타 D장조 448번'을 10분간 들려준 뒤 지능 검사를 한 결과, 거의 대부분의 학생들의 IQ가 전보다 8~9퍼센트나 높아졌다는 실험을 했습니다. 특히 공간 추리 능력은 30퍼센트까지 높아졌다고 합니다. 2003년에는 홍콩 중국대 심리학자들이 피아노와 바이올린을 연주하면 기억력이 향상된다는 논문을 미국 심리학회지가 발행하는 〈신경심리학지〉에 발표했습니다. 찬 박사는 "어린이에 대한 음악 교육은 좌뇌의 측두엽을 발달시키고 재조직화하는데 바로 이 부분이 언어의 기억도 관장하기 때문에 기억력을 향상시키는 것 같다."고 말했습니다.

- 우리가 눈을 감고 몸을 이완시키면, 뇌파의 활동은 속도를 완화시킵니다. 이때 우리 뇌는 13헤르츠에서 8헤르츠 사이의 알파파를 폭발적으로 생산하게 되고, 뇌는 알파 상태가 됩니다. 알파파 상태는 뇌의 이완상태입니다. 뇌파를 알파파 상태로 유지하면, 두뇌 활동의 최적 상태가 유지되어 기억력과 창의력이 월등히 향상되며, 집중력이 비약적으로 높아집니다. 또한 남들 앞에서 흥분하지 않게 되며, 마음이 편안해지고 성격이 밝아집니다.

- 과학자들이 알아낸 알파파가 많이 나오는 방법은 자신이 좋아하는 음악을 들을 때, 참선 등 명상할 때, 자신이 좋아하는 일을 할 때, 기도할 때 등입니다. 아이들이 좋아하는 음악을 준비하여 들려주면, 아이들은 내면적인 주의집중이 됩니다.

- 사람의 두뇌는 좌우로 나뉘어져 각각의 기능을 분담하고 있는데, 좌측은 언어 및 이성을 관장하고 우측은 사고력 및 감성 능력을 지배합니다. 음악은 특히 우뇌를 활성화시켜줍니다. 우뇌는 인간의 사고력과 창조력을 주관하는데, 음악은 이러한 능력을 향상시켜 충분한 감성 교육의 효과가 이루어지게 됩니다.

- 음악이 가지고 있는 또 하나의 긍정적인 효과는 호르몬을 조절하는 능력을 가지고 있다는 것입니다. 우리 몸에는 약 80여 종의 호르몬이 있는데, 호르몬의 작용을 잘 활용한다면 심신에 긍정적인 효과를 주어 건강 증진은 물론 기억력, 집중력과 같은 정신적 능력도 향상될 수 있습니다. 뇌의 변연계는 장기기억을 관

장할 뿐만 아니라 '음악'까지 관장하고 있습니다. 음악을 들려주는 것은 집중력과 함께 수업의 밀도도 깊게 이끌어줍니다.

나 내적인 명상으로 집중력 향상하기

- 알파파가 나오는 여러 가지 방법 중 가장 큰 효과가 있는 것은 '명상'을 하는 것이라고 합니다. 편안한 자세와 안정적인 호흡만으로도 충분히 명상 효과를 거둘 수 있습니다.

01 마스킹 요법으로 집중력 향상 훈련하기

공부할 때 쉽게 할 수 있는 명상 방법은 책상에 앉은 상태에서 눈을 감고, 허리를 곧게 펴고, 손과 다리를 편안한 자세로 유지합니다. 3초간 코로 숨을 들이쉬고, 2초간 숨을 멈춘 후, 10~15초간 천천히 입으로 숨을 내쉬면 됩니다. 이 방법을 3~5분 정도, 길게는 20~30분 정도 꾸준히 하면 집중력을 키워 학습능력을 향상시킬 수 있습니다. 마스킹 요법은 이렇게 진행할 수도 있습니다.

① 7초간 숨을 단전까지 들이쉰다.
② 6초간 멈춘다.
③ 5초간 단전에서부터 내쉰다. (단전은 배꼽 밑 5cm 지점)

02 메디테이션 효과로 집중력 향상 훈련하기

① 원의 중앙에 눈의 초점을 맞춥니다.
② 초점을 맞춘 후에 눈동자를 움직이지 말고, 1분 정도 바라봅니다. 점을 응시하면서 '커져 보인다. 커져 보인다.' 라고 생각하세요.
③ 원이 점점 뚜렷해져 보이고, 커져 보이게 됩니다. 이 훈련을 하고 나서 수업이나 공부를 하면 좀 더 공부가 잘됩니다.

활·동·하·기 02

O3 들숨날숨으로 명상하기

① 조용한 분위기에서 마음을 가라앉힌다.
② 선생님이 손을 들어 올리면 숨을 들이쉬고, 손을 내리면 숨을 뱉는다.
③ 숨을 들이쉴 때 속으로 '하나'를 센다.
④ 숨을 내쉬며 '편안하다'고 생각한다.
⑤ 숨을 들이쉬며 '둘', 내쉬며 '편안하다'.
⑥ 열까지 같은 방법으로 하고, 열부터 다시 거꾸로 세면서 한다.

O4 호이상공으로 집중하기

'호이상공'은 '호흡하고 이완하고 상상하고 공부하라'의 줄임말입니다.
호이상공은 깊게 그리고 천천히 호흡을 하고, 모든 근육을 이완시켜 느긋하고, 편안하게 해줍니다. 그런 후에 즐거운 장면을 얼마동안 상상하고 난 후 공부를 시작한다면 공부에 집중이 잘됩니다.

① '호'(호흡하기): 선생님이 손을 올릴 때는 숨을 들이쉬고, 손을 내릴 때는 숨을 뱉어내며 반 아이들 모두가 한 몸이 되어 숨을 고르게 쉽니다. 3회 정도 천천히 호흡하며 반복합니다.
② '이'(이완하기): 온몸의 힘을 다 빼고, 모든 근육을 이완시킵니다. 편안한 자세에서 주먹을 천천히 꽉 쥐고 천천히 풀기를 5, 6회 정도 반복합니다.
③ '상'(상상하기): 즐거운 장면을 얼마동안 상상합니다. 미래에 내가 성공한 모습을 상상하기, 또는 지금까지 살아오며 가장 행복하고 기분 좋았던 날 상상하기 등의 상상을 해야 하는데, 조심할 것은 축구를 하는 등 땀을 흘리는 동적인 상상이 아니라 편안하게 가족들과 유원지를 걷는 등 정적인 상상을 하는 것이 좋습니다.
④ '공'(공부하기): 선생님이 "하나 둘 셋!"이라고 외치는 순간 눈을 번쩍 뜨고 그때부터는 열심히 공부합니다.

다 긍정적인 주의집중하기

- "긍정적인 주의집중은 학급의 기준을 세워준다. 학생들은 어느 행동이 가치 있는 것인지 배운다. 그들은 새로운 환경에서 어떻게 행동하는 것이 가장 좋은 것인지 알 수 있다. 가장 잘하는 모둠을 모범으로 제시해주는 것이 가장 명백한 행동을 알려주는 것이다. 학생들은 기준이 잘 세워졌을 때 더 안정감을 느낀다."

- 스팬서 케이건의 〈협동학습〉에 나오는 구절입니다.
  교실에서 학습활동을 할 때 못하는 모둠을 꾸짖기보다 바람직한 행동을 한 모둠을 칭찬해야 합니다. 활동 중에 소란스러울 때는 가장 잘하는 모둠으로 다가가 침묵 신호를 보낸 후 그 모둠의 좋은 점을 다른 모둠에게 칭찬해주는 것이 좋습니다. 따로 점수를 주지 않고도 칭찬받아 마땅한 모둠을 칭찬하는 것만으로도 아이들은 긍정적으로 집중하게 됩니다.

라. 앵커링 기합 넣기

- 공부를 시작하기 전에 간단한 기합을 넣는 것도 뇌가 준비하는 데 도움이 됩니다.
  예전에 제가 학교 다닐 때는 수업이 시작되기 전 반장이 일어나 "차렷, 경례"라고 하면 선생님에게 인사했습니다. 자세를 바로잡는 순간 명상 효과가 생기고, 큰 소리로 인사하는 순간 몸에 약간의 기합이 들어가면서 수업을 받아들일 준비를 갖추게 됩니다.

- 앵커링은 본래 NLP 기법에서 파생되어진 단어지만, 그 활용의 다양성과 효과의 효율성 때문에 최면, 행동치료, 인지치료 등에서 다양하게 사용되고 있습니다. 앵커(ANCHOR)란 배가 항구에 정박할 때 사용하는 '닻' 이란 뜻입니다. 배가 항구에 닻을 내리는 것처럼, 하나의 심리 상태를 어떠한 특정한 심리 상태로 닻을 내려주는 것을 '앵커링' 이라 부릅니다.

① 좋은 기억과 특정 행동을 연결짓는다.
② 편안한 자세로 앉는다.
③ 자신이 최고라고 느꼈던 그 순간으로 가본다.
④ 최고의 순간을 생각하며 오른쪽 주먹을 꽉 쥔다.
⑤ 주먹 쥔 상태로 5초간 호흡한다.
⑥ 주먹을 펴고 서서히 눈을 뜬다.
⑦ 한 번으로는 부족하고 몇 번에 걸쳐 연습한다.

이때 꼭 주먹을 쥐라는 것은 아닙니다. 평소에 자신이 잘 하지 않는 특정 행동을 하면 됩니다.

마 아침 다짐으로 암시하기

- 아이들을 교육 암시로 주의를 집중시키고 바른 자세를 취하도록 한 후, "나는 (　) 공부를 잘할 수 있다. 나는 (　) 공부가 즐겁다. 나는 나날이 모든 면에서 발전한다." 등의 암시를 준 후 교과 학습활동을 하면, 아이들은 바른 자세로 집중하여 학습에 임하여 학습내용을 쉽게 익힐 수 있습니다. 특히 아이들의 암기력 증진 및 학습내용 요약정리에서 유용하게 활용하면, 기초 기본 학습력 신장에 크게 도움이 됩니다.

01 에밀 쿠에의 '자기암시'

자기암시는 자기 자신의 잠재의식에 일정한 암시를 주입하는 것입니다. 매일 반복하여 일정한 암시를 주입하면 그 힘은 상상할 수 없을 만큼 커집니다. 자기암시는 몸과 마음의 병을 고치며, 상상에 충동을 가하여 의지로 할 수 없는 영역도 가능하게 만듭니다. 상상과 의지가 부딪히면 상상이 이긴다고 프랑스의 약사이며 심리치료사인 에밀 쿠에(1857-1926)는 역설하였습니다. 쿠에는 이러한 자기암시의 원리를 이용하여 평생 동안 수많은 환자들을 치료하고 실험하였습니다.

> 나는 날마다,
> 모든 면에서,
> 점점 더 좋아지고 있다.

이 말은 에밀 쿠에가 남긴 자기암시의 대표적인 문구입니다. 그는 이 주문을 아침, 저녁으로 20번씩 반복하면 몸과 마음에 신비한 효과가 일어난다고 주장하였습니다.
상상에 따라 몸과 마음이 움직이고 또한 원하는 바를 손쉽게 이룰 수 있도록, 아침마다 여러 선생님들께서 자기암시를 함께 외우고 있습니다.

① 아침에 함께 외치는 아침 다짐 구호
1. 나는 할 수 있다.
2. 나는 어디서나 필요한 사람이다.
3. 나는 예의바르고 단정하다.
4. 나는 무엇이든 끝까지 한다.
5. 나는 받기보다 주기를 좋아한다.
6. 나는 언제나 밝게 웃는다.
7. 나는 절약을 잘한다.
8. 나는 약속을 잘 지킨다.
9. 나는 목표가 있다.
10. 나는 멋있고 좋은 사람이다.

② 〈나는 착한 사람입니다〉 김희동 님의 시 함께 외우기
나는 착한 사람입니다.
그것은 내가 잘 압니다.
약한 친구를 돕고 싶은 마음을 늘 갖고 있고
옳지 못한 행동은 하고 싶지가 않기 때문입니다.
비록 용기가 없고 부끄러워
그렇게 하지 못한 적이 많지만
나는 진심으로 그렇게 하고 싶습니다.

활·동·하·기 02

나는 착한 사람입니다.
그것은 내가 잘 압니다.
부모님과 가족들의 기대에 실망주지 않고
그들을 위해 무언가 좋은 일을 하고 싶기 때문입니다.
비록 그들의 소중함을 자꾸 잊어버려
그렇게 하지 못한 적이 많지만
나는 진심으로 그렇게 하고 싶습니다.

나는 착한 사람입니다.
그것은 내가 잘 압니다.
내가 맡은 일을 차분하게 끝까지 하고
실력을 쌓아 좀 더 나은 내가 되어
이 세상에 도움이 되고 싶기 때문입니다.
비록 하기 싫은 마음에 넘어질 때도 있지만
나는 진심으로 그렇게 되고 싶습니다.

이제는
좀 더 용기를 가지고
좀 더 따뜻한 마음을 가지고
좀 더 정성을 들여
나의 착한 마음이 사라지지 않도록
날마다 더욱 노력할 것입니다.
나는 착한 사람이기 때문입니다.

집중놀이 활용 시 유의할 점

- 집중놀이를 적용할 때 무엇보다 잊지 말아야 할 것은 아동의 주의집중을 위해 가장 좋은 방법은 집중놀이가 아니라 '교재 연구'라는 점입니다. 이 점을 간과하지 않으면서 수업의 지루함, 반복성, 수동성을 탈피해 아동의 학습에 대한 흥미와 동기를 유발할 수 있는 효과적인 집중놀이에 대한 관심을 기울여야 하겠습니다.

  처음 만날 때부터 훈련된 교사와 아동의 수신호는 불필요한 이야기를 줄여 밀도 있는 수업으로 이끌어줍니다. 하지만, 아이들이 더욱 자랄수록 외적인 주의집중 방법보다도 자기 스스로 내적 주의집중력을 키워갈 수 있도록 지도해야 합니다.

06 학습목표 진술

수업 시작 5분을 잡아라!

우연히 EBS 〈다큐프라임〉 '삼동초 180일의 기록'이란 프로그램을 시청하게 되었습니다. 일본에서 놀랍게도 3년 연속 전국 학력평가 1위를 한 일본의 작은 시골마을인 아키타현으로 EBS 방송팀이 찾아가 취재한 결과, 수업시간마다 꼭꼭 □□□□를 선생님이 칠판에 쓰면서 설명했습니다. 아이들도 자신의 공책에 □□□□를 따라 쓰고 있었습니다. 아키타현의 교육자들은 학력 향상의 비결 중 하나로 꼭 '□□□□' 진술을 꼽았습니다. 여기서 문제, □□□□은 무엇일까요?

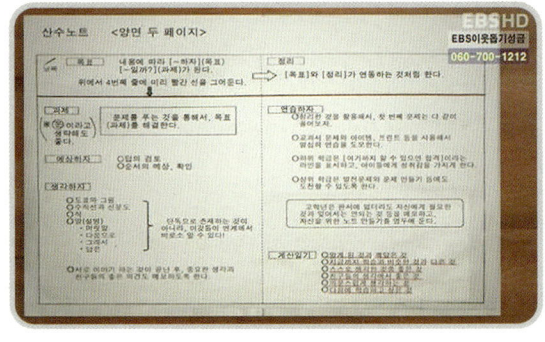

정답은 바로 '학습목표'입니다. '학습목표'는 학습자가 학습을 끝낸 후 그 도달도를 증거로서 보여주어야 할 행동이며, 수업자 입장에서는 학습자들이 도달하도록 해야 할 명확한 지향점입니다.

학생들은 학습목표를 통해 이 수업에서 배울 내용을 짐작할 수 있습니다. 이를 통해 그들의 흥미를 유지하는데 큰 도움이 되며, 적극적인 학습의욕을 가지게 됩니다. 학습목표는 또한 학습자의 성취 여부를 평가하는 기준이 되기도 합니다.

예를 들어 "분수를 소수로 바꾸어서 덧셈을 할 수 있다."라고 행동적으로 구체적이고 명료하게 진술된 학습목표는 학습자가 수업 후 목표를 성취했는지의 여부도 쉽게 측정할 수 있기 때문에 교사와 학습자 모두 학습의욕과 성취감이 촉진될 수 있습니다.

수업의 시작이며 반드시 분명하고 명확하게 진술되어야 할 학습목표, 어떻게 준비해야 할까요?

학습활동과 학습결과 구별하기

- 문제 나갑니다. 다음 중에서 어떤 것이 '학습결과'를 나타낸 것이고, 어떤 것이 '학습활동'을 나타낸 것인지 구별해보고 해당되는 것에 ○표 해보세요.

  ① 구구단을 연습할 수 있다. (학습결과, 학습활동)
  ② 시를 듣고 그 느낌을 표현할 수 있다. (학습결과, 학습활동)
  ③ 한자릿수 뺄셈을 할 수 있다. (학습결과, 학습활동)
  ④ '반짝반짝 작은 별'이라는 노래를 부를 수 있다. (학습결과, 학습활동)

- 앞의 2-3번까지의 학습목표에서 행동 동사인 '표현하다' '빼다' '부르다' 등은 모두 학습의 결과(어떤 단원을 배우고 난 후에 최종적으로 얻을 수 있는)를 의미합니다. 그러나 첫 번째 학습목표에 있는 '연습하다'라는 동사는 단지 학습활동을 표현할 뿐입니다.

- 학습활동은 그것 자체가 목적이 아니라 어떤 학습결과를 얻기 위해 중간단계에서 할 행동입니다. 4번의 학습목표 "노래를 부른다"라는 것은 행동일까요? 결과일까요? 행동목표는 반드시 학습결과를 제시해야 합니다. 왜냐하면 학습결과를 고려하여 수업을 계획하고 학습목표 성취여부도 이 학습결과를 기준으로 측정할 수 있기 때문입니다. 학생들이 처음부터 음정도 못 잡는 음치 학생들이었다면 몰라도 일반적인 교실이라면, 좀 더 명확하게 "2부 합창으로 노래를 부를 수 있다." 등으로 좀 더 구체적인 목표를 제시해야 합니다.

활·동·하·기 01

수업 시작 5분을 잡아라

 # 학습목표 진술요령

가 학습목표와 학습문제

- '학습목표'와 '학습문제'를 잘 구분하지 않고 섞어 쓰는 선생님들이 있습니다. '학습목표'는 이미 답이 나와 있으며, 노력해서 달성해야 할 도달점을 가리키는 용어입니다. 이와 달리 '학습문제'는 해결해야 할 문제를 알고 있을 뿐 그것을 해결해야 할 방법, 과정, 그리고 해결된 후의 결과를 모르는 상태에서 학습자가 가지고 있는 지식, 기능, 경험을 종합적으로 활용해서 추구해야 할 부딪친 문제입니다. 교수-학습 과정 안에는 '학습목표'로 진술하고, 칠판에는 '공부할 문제'(학습문제)로 진술하는 것이 바람직합니다.

    (저학년) ~하여 봅시다. ~합시다.
    (고학년) ~하기, ~하여 보자.

나 교수학습 개발센터에서 제시한 학습목표 진술 요령

01 학습목표는 성취 행동(A)과 그 행동을 수행하게 될 조건(B), 그리고 학습결과를 받아들일 수 있는 도달기준(C)의 세 가지 요소가 포함되도록 해야 합니다.

학습목표는 수업 과정에서 의도되고 있는 성취 행동(A)과 그 행동을 수행하게 될 조건(B), 그리고 학습결과를 받아들일 수 있는 도달기준(C)의 세 가지 요소가 포함되도록 진술해야 합니다. 이때 조건이나 도달기준을 구태여 진술하지 않아도 제3자나 참관자들에게 분명한 의사소통이 될 경우 생략할 수도 있습니다.

◎ <u>받아 올림이 있는 (두 자리 수) + (두 자리 수)의 계산 문제를</u>(조건)
           (B)
<u>10분 이내에</u>(도달기준) <u>5문제 이상 풀 수 있다</u>(성취행동).
    (C)   (A)

◎ <u>100m를</u>(조건) <u>16초 이내에</u>(도달기준) <u>달릴 수 있다</u>(성취 행동)

수업 시작시 [도입] 단계에서는 수업지도서를 참조하여 그 학습과제의 구체적 목표를 학생들로 하여금 학습해야 할 과제가 무엇인가를 분명히 알도록 하고, [전개] 단계에서는 그 학습과제의 내용을 학생들에게 제시합니다.

02 학습목표는 교사의 성취보다 학습자의 성취 관점에서 서술되어야 합니다.

◎ 현미경으로 양파 껍질을 관찰시킨다. (X)
◎ 양파 껍질의 생김새를 그림으로 나타낼 수 있다. (O)

◎ 한자리수의 뺄셈을 익힌다. (X)
◎ 한자리수의 뺄셈을 할 수 있다. (O)

03 하나의 목표 속에 두 가지 이상의 학습결과를 포함시키지 않습니다.

◎ 과학적인 방법을 이해하고 이를 효과적으로 적용한다. (X)
◎ 과학적인 방법을 이해할 수 있다. (O)

한 시간 안에 이해할 수는 있지만, 적용은 하지 못하는 경우도 있고 적용된 학습의 결과를 확인하기도 어려우므로 하나의 목표 안에는 한 가지의 학습결과만 포함시킵니다.

04 학습의 과정을 수업목표로 진술하지 않습니다.

◎ 교통 표지판을 배우게 한다. (X)
◎ 교통 표지판의 종류를 구별할 수 있다. (O)

이 학습목표에는 학생이 배워야 할 것은 제시되어 있으나, 수업 후 무엇을 할 수 있을지의 학습결과인 행동 특성이 나와 있지 않습니다.

05 한 차시의 학습목표는 1~2개 정도가 적당합니다.

◎ 우리나라 사계절의 특징을 알고 계절마다 볼 수 있는 식물과 동물, 사람들이 하는 일을 말할 수 있다. (X)
◎ 우리나라 사계절의 특징을 알 수 있다.
   계절마다 볼 수 있는 식물과 동물을 말할 수 있다. (O)

학습목표를 지나치게 세분화하여 한 시간의 학습목표가 너무 많은 경우 단위 시간 내에 어느 한 가지도 성취하지 못하는 경우가 있으므로 한 시간의 학습목표는 1~2개 정도가 적당합니다.

 활·동·하·기 02

재미있고 색다른 학습목표 제시

학생이 학습목표를 인지하면 학습동기, 학습과정, 학습성취 결과에 좋은 영향을 미치므로 목표를 확실하게 인지시키는 활동이 중요합니다. 따라서 목표를 확실하게 인지시키는 방법에 대한 다양한 고민이 필요한데, 예를 들면 미완성문장 완성활동으로 인지시키는 방법, 동영상 자료로 인지시키는 방법, 수수께끼로 제시하는 방법 등이 있습니다.

가 플래시 안주타이머 활용하기

- '예은이네'(picture.edumoa.com-[플래시 학습경영])에서 '플래시 안주타이머'를 다운받습니다. 압축파일을 풀어 함께 들어있는 timer.txt 파일을 메모장 프로그램으로 불러옵니다. 미리 학습문제를 입력해놓고 활용할 수 있는 개선 버전입니다. 안주연 선생님이 만들어 공개하신 플래시 소스를 살짝 수정해 만들었고, 공개수업 등에 쉽게 활용할 수 있도록 했습니다. 실제 수업 중에는 따로 칠판에 학습문제를 쓰지 않고, [학습문제] 버튼을 클릭하면 미리 timer.txt에 아래처럼 입력한 학습문제가 나타나기 때문에 편리합니다.

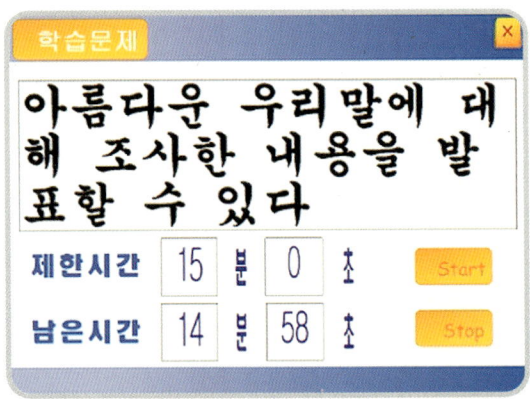

나 플래시 단어 찾기 프로그램으로 학습문제 찾기

- 아이스크림(http://i-scream.co.kr) 사이트에서 [교사마당]의 [즐거운 수업도우미]에 있는 자료입니다. 직접 의뢰하여 제작된 플래시 자료로 word.txt 파일을 보조 프로그램에 있는 메모장으로 불러옵니다. answer1= 뒤에 학습목표를 간단히 적고 단어찾기.exe 파일을 이용해 실행합니다.

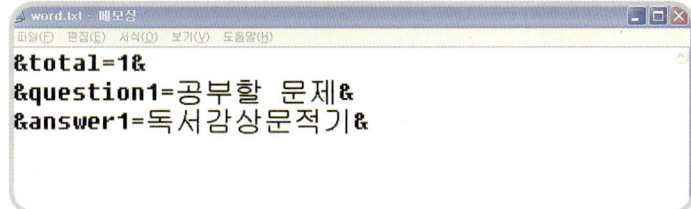

- 이천중학교 김정식 선생님이 제작하신 '빙산의 일각' 플래시 자료 역시 같은 방법으로 data.txt 파일 속 문제만 바꾸면 학습문제를 제시할 수 있습니다. ('김정식 허명성의 과학사랑' www.sciencelove.com-[개발자료]-[수업관련])

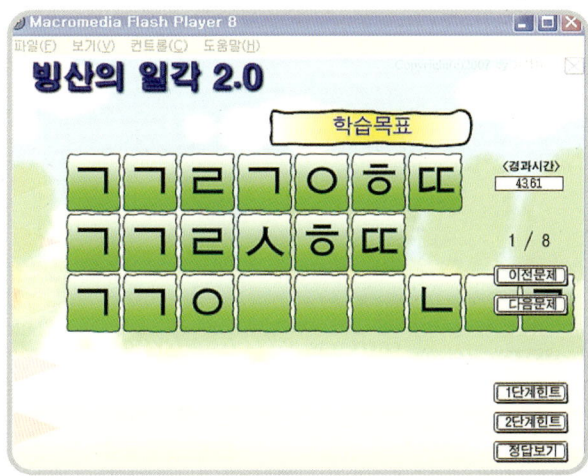

다 옥이네 캐릭터로 활동 안내하기

- 옥이네(http://blog.naver.com/oktoon) 옥상헌 선생님이 직접 그려 만드신 활동 안내판입니다. 홈페이지에서 다운로드받은 그림을 A4 크기로 출력해서 우드락에 붙이는데, 어깨에는 움직일 수 있도록 할핀(또는 시계핀)을 꽂습니다.

- 학습 단계별 활동을 정할 때에는 [활동 1]은 교사의 시범, 안내, 학생의 시범 발표로 이루어지는 게 좋습니다. [활동 2]는 학생들의 활동을 주로 진행하고, [활동 3]은 학생 활동을 발표하고, 서로 평가하며 피드백을 주면 좋습니다.

학습목표 판서시 유의할 점

- 교수학습 개발센터(http://classroom.re.kr)에서 제시한 표준적인 방법은 다음과 같습니다.

  (1) 칠판을 3등분하여 좌측 상단에 '공부할 문제'라고 쓴다.
  (2) '공부할 문제' 오른쪽이나 다음 줄에 공부할 내용을 1~2줄로 제시한다.
  (3) 강조할 내용은 색분필을 사용한다.
  (4) 글씨는 교과와 같은 글씨체로 필순에 맞게 쓴다.
  (5) 학생들이 교사가 쓰는 글씨를 볼 수 있도록 오른쪽으로 비켜서서 쓴다.

- 사실 "수업목표는 명시적으로 제시했는가?" "동기유발을 도입부에 적절히 했는가?" 등의 체크리스트에 따른 수업관찰을 통해 수업의 질을 판단하는 것은 문제가 있습니다. 모든 수업이 학습목표를 반드시 수업 시작 시에 명시적으로 제시해야 하는 것은 아닙니다. 어떤 수업은 명시적인 목표 제시도 없고 학생과의 긴밀한 언어적 상호 작용도 눈에 잘 관찰되지 않고 학습내용을 요약하고 정리하는 작업이 없음에도 불구하고 전체적으로 훌륭한 수업일 수 있습니다. 이런 점을 명심하면서 좀 더 효과적인 학습목표 진술을 위해 노력해야 하겠습니다.

07

수업 시작 5분을 잡아라!

공동의 목표를 정해 동기유발 하기!

모둠을 통해 학급운영을 하는 교사라면, 모둠 전체가 잘해야 한다는 욕심 때문에 잘 못하는 아이에게 눈치를 주는 아이들을 종종 보게 됩니다. 아이들이 스티커 등의 보상에 집착해 자꾸만 '경쟁'으로 치닫게 될 때, 교사는 어떻게 지도해야 할까요? "너 때문에 우리 모둠은 망했어."라는 가시 돋친 말에 깊은 상처를 받는 아이들을 어떻게 도와줄 수 있을까요? 본 장에는 경쟁보다 협력으로 나가는 특별한 비법이 숨어있습니다.

경쟁보다 협력으로 가는 특별한 비법

- 로버트 치알디니의 〈설득의 심리학〉이란 책을 보면, 30여 년 전 심리학자 셰리프와 그의 동료들이 어린 학생들의 '소년 여름캠프'라는 상황을 통하여 집단행동의 심리를 정확하게 이해하려 노력하는 실험이 나옵니다. '독수리 반'과 '방울뱀 반'이라는 듣기에도 적대적인 이름을 지어주고, 반별 대항 보물찾기, 반별 대항 체육대회 등의 행사를 벌여 두 집단이 서로를 증오하고 갈등하게 하지요.

- 셰리프의 연구 팀은 어떻게 소년들 사이에 이미 형성된 적개심을 어떻게 제거하느냐 고민했고, 그들은 두 반으로 갈린 소년들의 갈등이 최고조에 도달했을 때, 매우 단순하면서도 효과적인 전략을 찾아냅니다.

- 예를 들어 깊은 웅덩이에 빠진 트럭을 꺼내거나 부족한 물을 물탱크에서 파이프로 연결시켜 캠프까지 끌어오는 등 두 반이 협력하여 작업하게 만들었습니다. 공동의 목표를 위하여 함께 힘을 합하여 성공을 거두며 두 집단 사이의 갈등과 불화는 점점 수그러들었다고 합니다.

- 그러한 변화를 만들어냈던 가장 중요한 계기는 연구자들이 그들에게 부여했던 '공동의 목표' 때문이었습니다.
  공동의 목표를 이루기 위해 필요했던 협동심이 서로를 경쟁자가 아니라 함께 협동해야 한 친구로 인식할 수 있게 도와주었기 때문입니다. 교실에서 동기유발을 할 때도 이러한 '공동의 목표'를 활용하는 원리를 자주 활용할 필요가 있습니다.

활·동·하·기 01

칭찬사탕 퀴즈

- 아래에 실린 사진은 오래전에 활용하던 '칭찬사탕 바구니' 사진입니다. 수업을 시작할 때 이전 시간에 공부한 내용 중에서 간단한 퀴즈를 준비합니다. 문제를 맞힌 아이들에게 사탕을 선물로 주면 받은 아이들은 잘난 체하고, 못 먹은 아이들은 시기하고 질투하는 모습을 보여 고민이었습니다.

- 그 후부터 칭찬할 때 사탕을 쥐어주고, 사탕을 받은 아이는 바로 사탕을 먹는 게 아니라 교실 앞 '칭찬사탕 바구니'에 넣게 했습니다. 그리고 칭찬사탕 바구니에 사탕이 가득 찼을 때 반 아이들 모두에게 사탕을 2개씩 나누어주겠다고 했습니다. 그랬더니 친구가 상장을 받을 때는 박수는커녕 쳐다보지도 않던 아이들이 모두들 기분 좋게 박수를 치며 좋아하는 것이 아닙니까? 친구의 사탕은 곧 나의 사탕이 될 수 있다는 '공동의 목표' 앞에 아이들은 서로를 더욱 배려하게 되었습니다.

칭찬사탕 퀴즈 진행방법

01. 500mL 정도 크기의 작은 생수병이나 투명한 음료 페트병, 사탕을 준비한다.

02. 교사는 미리 이전 시간에 공부한 내용 중에서 10문제 정도 문제를 출제해 둔다.

03. 교사가 문제를 내고, 학생이 문제를 맞힐 때마다 사탕을 2-3개 정도 난이도에 따라 나누어준다. 미리 문제를 낼 때, 사탕 몇 개짜리 문제라고 난이도를 소개하는 것이 좋다.

04. 사탕을 받은 학생은 자기 혼자 사탕을 먹지 않고, 교탁 위에 있는 투명한 병 안에 사탕을 넣는다.

05. 통이 꽉 찼을 때에는 병 안의 사탕을 꺼내 학생들 모두에게 나누어준다. 지나치게 큰 통을 준비하면 아이들의 의욕을 꺾을 수 있으므로 되도록 작은 병을 준비하는 것이 좋다.

7장 공동의 목표를 정해 동기유발 하기! 활·동·하·기 02

공동의 목표에 도전하는 협동 OX퀴즈

- 동기유발 시 가장 많이 활용하는 OX퀴즈도 친구들과 협력하여 풀도록 하면 더욱 재미있습니다. 일반적인 OX퀴즈는 틀리면 탈락하지만, 협동 OX퀴즈는 탈락하지 않고 계속 O나 X에 도전할 수 있습니다. 틀렸다고 친구들에게 면박 받는 일도 없습니다. 하지만 내가 문제를 맞히면, 우리 반 모두의 목표에 한걸음 더 다가갈 수 있습니다.

협동 OX퀴즈 플래시툴('티처빌' www.teacherville.co.kr-[자료나눔터]
-[교육자료실]-[주제별 학습자료]-[플래시 수업자료 컨텐츠])

 ## 협동 OX퀴즈 진행방법

01 시작하기 전에 미리 공동의 목표를 정한다.

예를 들어 10문제 중에서 8문제 이상 맞히면 어떻게 할 것인지 미리 아이들과 함께 상의하여 정한다. '자유체육' '토요일 요리 시간' '컴퓨터실 자유 시간' '내일 원하는 친구들과 앉기' 등 간단하면서도 모두를 행복하게 해줄 수 있는 좋은 아이디어들을 공모하여 함께 정한다. 아이들이 함께 모여 스스로 정한 목표일수록 더욱 동기유발이 된다.

활·동·하·기 02

02 교사가 수업내용 중에서 꼭 필요한 중요한 질문을 OX퀴즈로 제시한다.

03 학생들은 질문이 옳은지 그른지 잘 생각하고, 교사의 "하나, 둘, 셋" 신호에 맞추어 팔로 O나 X를 표시한다. 이때 일반적인 OX퀴즈와 달리 옆의 친구들과 서로 협동하여 생각을 나눌 수 있도록 허용한다.

04 교사는 앉아있는 아이들 중에서 다수결로 더 많이 표시한 쪽을 아이들의 정답으로 받아들여 정답을 공개한다. 예를 들어 교사가 "춘향이의 성은 성씨입니다."라는 문제를 읽어주고, "하나, 둘, 셋"이라고 외쳤을 때 O가 더 많다면, 다수결로 아이들의 정답은 O가 된다.

05 같은 요령으로 한 문제 한 문제, 차례대로 10문제를 제시하고, 이때 8문제 이상 맞춘다면 모든 아이들이 함께 혜택을 받도록 진행힌다.

플래시툴을 활용하여 진행하면, 아이들이 더 많이 표시한 쪽을 살펴보고, 교사가 화면에서 O나 X를 클릭하여 진행할 수도 있습니다.

모둠이 함께 공동의 목표에 도전하는 학급온도계 퀴즈

- 원래 '학급온도계'는 협동학습에서 활용하는 보상제도입니다. 교실에서 보상이 모둠별로 이루어졌을 경우, 결국 모둠 간 경쟁으로만 치달을 가능성이 높아집니다. 모둠별 경쟁이 반드시 필요하나 그렇다고 모둠별 경쟁만 하게 할 경우 학급 전체적으로는 심각한 갈등의 요인이 될 수 있습니다. 따라서 이를 극복할 수 있는 방안으로 활용된 것이 바로 '학급온도계' 입니다.

- 협동학습에서 사용되는 '학급온도계'의 취지는 교사가 아이들에게 기대행동을 알려주고 그에 따른 행동을 할 경우, 알맞은 보상을 함으로써 학습의욕을 높이고 사랑으로 하나 되는 교실을 만드는 것입니다.

- '학급온도계'는 학급 전체의 상호이익을 추구하게 만듭니다. 모두가 잘되었을 경우에 모두가 보상을 받는 방식입니다. 따라서 남이 잘되어야 나도 잘되는 구조가 형성되는 것입니다. 학급온도계를 통해서 학급경영에서 승승적 사고가 가능해지는 것입니다. 그래서 학급온도계를 '협동학습의 꽃'이라고 비유하기도 합니다.
이러한 학급온도계 보상 제도의 정신을 그대로 살린 '학급온도계 퀴즈'를 활용해 봅시다.

학급온도계 퀴즈 진행방법

01 학급온도계 퀴즈를 시작하기 전에 다함께 '공동의 목표'를 정한다.

02 문제를 내면 모둠별로 상의하고, 모둠 골든벨 판에 정답을 적는다.

03 정답을 맞힌 모둠의 온도만 빨간 분필로 한 단계 색칠한다. 플래시툴을 활용하면 좀 더 쉽게 수업에 활용할 수 있다.

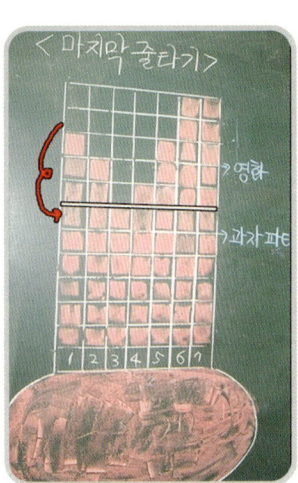

O4 이렇게 문제를 하나하나 출제하여 맞힌 모둠 번호에 계속 온도를 올려준다.
그런데 한 모둠이 열심히 잘해서 끝까지 도착한다고 해서 보상을 받는 게 아니라, 모든 모둠이 테트리스처럼 한 줄을 채워야만 그 줄까지의 보상을 받을 수 있다.

O5 학급온도계 퀴즈 시 유의할 점
실제로 교사가 퀴즈를 준비해 진행하면, 어느 한 모둠 때문에 학급온도계가 올라가지 않는 경우가 생길 수도 있다. 그러면 그 모둠에게 다른 모둠 아이들의 질타가 이어질 수도 있는데, 그러한 경우를 대비해 아이들과 협력하여 학급온도계 퀴즈의 규칙을 변경하여 진행한다. 아이들은 함께 상의해 직접 변경한 놀이 규칙 때문에 더욱 즐겁게 놀이에 참여할 수 있다.

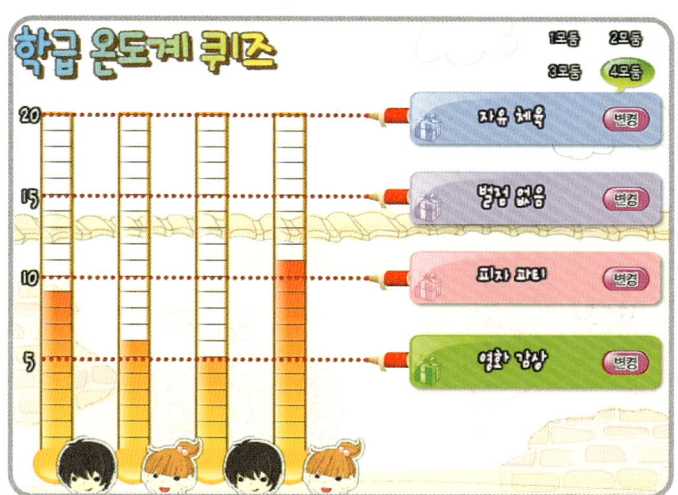

 우리 반 아이들과 함께 변경한 규칙들은 다음과 같습니다.

[★1] 끝까지 도달한 모둠의 아이들은 꼴찌 모둠에 가서 함께 문제를 풀 수 있다.
[★2] 학급온도계 퀴즈를 진행하는 동안 모둠별로 '찬스'를 딱 한 번 쓸 수 있도록 한다. '찬스'를 쓰고 문제를 맞히면 점수를 2배로 받는다.
[★3] 끝까지 도달한 모둠은 남는 모둠 점수를 다른 모둠에게 똑같이 고루 나누어줄 수 있다.

수업 시작 5분을 잡아라!

08

아이들이 준비하는 퀴즈수업!

아 아이들이 놀이를 활용해 도입하는 수업을 좋아한다는 것은 누구나 알고 있지만, 교사들이 쉽게 놀이수업을 활용하기 어려워하는 까닭은 무엇일까요?

난 "난 내성적이라서 놀이가 맞지 않아. 그런 건 활발하고 잘 노는 사람들이나 하는 거지."라며 스스로를 재단해서 그런 경우도 있겠지만, 꽤 많은 경우는 사전 수업준비가 많이 필요하다는 선입관 때문이라고 생각합니다. 물론 교사가 미리 수업에 필요한 문제 카드를 만들고, 단위 수업시간에 투입하는 것도 이상적이지만, 매시간 다른 수업을 진행해야 하는 초등학교 교사에게 그건 너무 어려운 일입니다. 이럴 때 아이들과 함께 수업준비 과정에서부터 참여하게 해보면 어떨까요? 좋은 놀이의 첫 번째 조건은 모두가 참여하는 놀이어야 합니다.

아이들을 수업의 주체로 끌어들이기

- 좋은 놀이는 놀이하는 아이들을 구경꾼으로 만들지 않고 함께 참여하며 즐겁게 합니다. 모든 아이들이 참여하는 놀이수업을 위해서 문제 출제 과정에도 아이들이 참여하여 놀이를 직접 진행하도록 돕는 방법을 나름대로 개발해야 합니다. 문제를 출제하고 진행하는 모든 과정을 교사가 도맡아 하게 되면 쉽게 지치게 됩니다. 어쩌다 많은 노력을 기울여 한번 놀이수업을 해보곤 쉽게 엄두를 내지 못하는 상황이 벌어질 수도 있습니다. 특별하게 수업 준비를 하지 않고도 아이들을 놀이수업의 주체로 인정하며 놀이수업을 준비하는 과정에도 참여시켜 보세요. 자기가 만든 문제가 나올 때 아이들은 더욱 수업에 집중하게 됩니다.
  학기말에 진도를 거의 마친 후에 간혹 교실에서 좋은 영화를 보여주는 경우가 있습니다. 그럴 때 어떻게 하면 아이들이 선생님이 교육적인 의도를 가지고 준비하신 영화에 집중하게 할 수 있을까요?

- 저는 학생들 개인에게 각각 3장의 종이 카드를 나누어줍니다. 그런 후에 영화를 보면서 퀴즈를 3개 만들도록 합니다.

> (15번) (허예은)
>
> [문제1]
> 영화 '국가대표'는 이 운동경기의 실화를 바탕으로 만들었습니다.
>
> [정답] 스키점프

- 그런 후에 영화를 보면, 아이들은 정말 집중합니다. 교사도 함께 문제 카드를 한 장 만듭니다. 잠시 후, 교사가 문제를 읽고, 가장 먼저 손을 든 아이가 정답을 맞히면, 교사의 이름이 쓰인 문제 카드를 줍니다. 이제는 릴레이로 문제를 맞힌 아이가 자기 카드 중에 하나를 뽑아 문제를 내면 됩니다. 이런 간단한 방법만으로도 수업을 더욱 밀도 있게 진행할 수 있습니다.

활·동·하·기 01

 ## 50퍼센트 게임

- '3힌트 퀴즈'는 이미 현장에서 많이 활용되는 퀴즈 방법입니다.

    [★1] 출제자는 정답을 미리 생각한다.
    [★2] 출제자가 3개의 힌트를 아이들에게 준다.
    [★3] 아이들은 3개의 힌트를 기초로 정답을 맞힌다.

- 3힌트 퀴즈를 응용 발전시킨 '50퍼센트 게임'은 일본의 초등학교 교사인 키쿠치 카오리 씨에 의해 개발된 학습 게임입니다.

    학생들은 교사의 발문을 듣고, 몇 퍼센트 정도 알 때 가장 동기유발이 될까요? 10-20퍼센트 정도 안다면 포기합니다. 80-90퍼센트 안다면 재미없어 시시해 합니다. 학자들은 이구동성으로 50퍼센트 정도 헷갈릴 때에 가장 도전감을 가지고 동기유발이 된다고 합니다.

 ## 50퍼센트 게임 진행방법

01 학생들은 먼저 정답을 하나 미리 생각한다.

02 일반적인 퀴즈와 달리 정답을 만든 후에 정답률이 50퍼센트가 되도록(즉 아이들 수의 절반이 자신이 생각한 대답을 하도록) 3개의 힌트를 생각한다.

03 교사가 나누어준 문제 카드에 3개의 힌트를 하나하나 적는다.

04 이제 교사가 먼저 문제를 하나 출제하며 시범을 보인다.

예를 들어 다음 질문처럼, 정답이 '컴퓨터'나 '텔레비전'으로 갈라질 수 있도록 문제를 출제한다.

> 50퍼센트 문제입니다. 다음 3개의 힌트를 잘 듣고 정답을 맞혀 보세요.
> ❶ 이것을 통해 많은 정보를 얻을 수 있습니다.
> ❷ 집집마다 대부분 가지고 있습니다.
> ❸ 여가 시간에 가장 많이 이용하고 있습니다. 이 것은 도대체 무엇일까요?

05 아이들은 문제 카드에 자신이 생각한 대답을 쓴다. 꼭 쓰게 하는 것이 중요하다. 손을 들게 하면, 다른 아이들을 따라 손을 드는 아이들이 생긴다.

06 정답을 확인해 각각의 출제자가 낸 문제의 정답률을 확인한다. 정답률이 50퍼센트에 가장 가까운 문제를 낸 출제자가 속한 모둠이 보상받는다.

- 이렇게 '50퍼센트 게임'은 '3힌트 퀴즈'에 비해 문제를 낼 때에 생각을 많이 하게 합니다. 준비한 정답을 참가하고 있는 아이들의 50퍼센트, 즉 절반만이 맞히도록 예상하지 않으면 안 되기 때문에 지적인 수업이 이루어집니다.

- 문제를 얼마나 잘 '애매하게 내느냐'가 포인트입니다. 대부분의 아이들은 50퍼센트의 아이들만 정답을 맞히도록 내지 못하고 보통 '3힌트 퀴즈'와 같은 문제를 작성해 정답률이 높아지는 경우가 많습니다.

8장 아이들이 준비하는 퀴즈수업!

활·동·하·기 **02**

모둠 골든벨 게임

- 고학년의 국어 읽기 교과서 지문은 지나치게 많다고 생각되는 부분이 있습니다. 이럴 때면 2차시로 나누어 한 차시는 교과서의 내용 파악을 할애하는데, 주로 아침독서시간을 이용해 다시 한 번 교과서를 읽게 합니다.

- 그런 후에 모둠 아이들에게 개인별로 2장의 문제 카드를 나누어줍니다. 문제 카드에는 모둠 이름과 문제, 답을 쓰도록 합니다. 공부를 잘하는 아이들은 선생님이 내는 문제를 예상하는 능력도 뛰어납니다. 무엇이 중요한지 알기 때문입니다.
  처음에는 각자 문제를 2개씩 범위를 나누어 내고, 그 문제 카드를 모아 모둠 아이들이 함께 문제의 난이도를 수정해 준비하도록 합니다. 이때 너무 문제가 쉽거나 어렵지 않도록 잘 상의해야 불이익이 없습니다.

 ## 모둠 골든벨 게임 진행방법

01 모든 모둠에게 기본점수 100점씩 주고 시작한다.
02 1모둠부터 차례대로 문제 카드를 읽어 문제를 낸다. 모둠에서는 상의하고 모둠 골든벨 판에 정답을 쓴다.
03 교사가 "하나, 둘, 셋!" 약속된 신호를 하면, 정답을 쓴 골든벨 판을 들어 올린다.
04 이때 한 모둠만 정답을 맞히면 그 모둠만 30점을 얻는다. 만약 두 모둠이 맞히면 사이좋게 20점씩 나눠 가져간다. 세 모둠 이상이 맞히면 10점씩 받는다.
05 그런데 모든 모둠이 문제를 맞혔다면, 그 모둠에서 너무 쉽게 문제를 냈다는 이야기이므로, 도리어 문제를 낸 모둠에 10점 감점을 한다. 만약 모든 모둠이 문제를 틀리면, 거꾸로 모든 모둠에 10점씩 점수를 주고, 문제를 낸 모둠은 10점 감점한다.
06 모둠이 돌아가며 문제를 내면 된다.
07 **아이디어 더하기:** 실제로 진행하다 보면, 시간이 부족한 데도 아이들은 열광하며 더 하자고 조르는 경우가 많다. 이렇게 시간이 부족할 때는 모든 문제 카드를 모아 교사가 문제를 내도 좋다. 이때는 누가 낸 문제인지를 이야기하지 않고, 모두 풀 수 있기 때문에 문제를 냈던 아이를 포함한 모든 아이들이 참여할 수 있어서 좋다.

- 실제로 우리 반에서 진행할 때는 재미있게도 문제를 출제했던 민혁이가 자기가 낸 문제라고 엄청나게 좋아해놓곤 '썰물'이라고 써야 할 대답을 '썰매'라고 써놓고 황당해 해서 모두를 웃기기도 했습니다.

- 중간에 희관이가 "선생님, 그러면 일부러 틀려도 돼요?"라고 물었습니다. 그러자 호준이가 "맞다, 모두 틀리면 다 점수를 받을 수 있잖아. 야, 우리 일부러 틀리자."라고 대답했습니다. 처음 체육 시간에 운동장에서 그물술래를 할 때 생각이 났습니다. 모두들 재미있게 술래에게 잡히지 않으려 뛰어다니는데 혼자 구석에 몰래 앉아있던 호준이와 눈에 띠지 않는 신발주머니 걸이 위에 올라가 숨어있던 병주는 그때 정말 재미있었을까요?

- 놀이는 결과가 아니라 재미있게 즐기는 과정이 중요한 것이란 이야기를 그때의 경험을 떠올리게 하며 대신 생각하도록 진행했더니 모두들 그런 일 없이 즐겁게 참여했습니다.

활·동·하·기 03

모둠 팀게임 토너먼트 퀴즈수업

- 팀게임 토너먼트 퀴즈는 협동학습에서 활용하는 퀴즈수업을 별다른 준비 없이 간단하게 변형해 진행하고 있는 수업입니다. 실제 팀게임 토너먼트 퀴즈수업은 교사가 모든 모둠에 줄 문제 카드를 만들어야 하는 힘든 수업입니다. 이 문제 출제과정을 아이들과 함께 나누어 분담하는 것입니다.

모둠 팀게임 토너먼트 퀴즈수업 진행방법

01 학생들에게 문제카드를 세 장씩 나누어 준다. 공부한 단원에서 학생 각지기 세 개의 퀴즈 문제를 출제한다. 출제한 문제와 정답은 같은 문제 카드에 기록한다.
저학년이나 학습 수준이 낮은 경우에는 학생들에게 다섯 문제를 먼저 노트에 기록하게 하고 그중에서 좋은 문제 세 개를 골라 문제카드를 만들도록 한다. 되도록 문제를 낸 후에는 같은 모둠의 이끄미(모둠장으로 가장 지적 능력이 우수한 학생)가 다시 한 번 문제에 잘못이 없는지 확인할 시간을 준다.

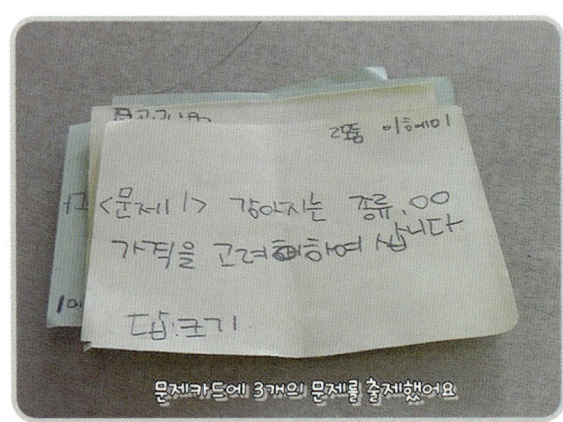

문제카드에 3개의 문제를 출제했어요

02 이제 자기 모둠을 떠나 학습 수준별로 4개 리그로 나누어 헤쳐서 모인다. 1부 리그에는 각 모둠의 1번들이 모이면 되고, 2부 리그에는 각 모둠의 2번들이 모이면 된다. 3부 리그에는 각 모둠의 3번들이, 4부 리그에는 각 모둠의 4번들이 모인다.

03 각 모둠의 아이들이 자기가 만든 개인 카드를 모두 모아 섞는다.

04 이제 모둠 안에서 순서를 정하고 첫 번째 순서부터 문제 카드를 무작위로 뽑아 문제를 읽어준다. 처음이라면 1모둠의 아이들이 진행하도록 하면 좋다. 각 리그에 있는 1모둠 아이들이 문제 카드의 문제를 읽으면, 정답을 아는 학생이 마이크를 들거나 벨을 눌러 정답을 이야기할 수 있도록 한다. 이때 문제를 낸 아이는 자기가 낸 문제를 풀지 못하도록 미리 약속한다.

05 정답을 맞히면 출제자가 문제 카드를 맞춘 학생에게 주면서 "정말 잘했어."라고 칭찬한다. 틀리면 "괜찮아, 잘했어."라고 말하고 나머지 학생들이 맞출 수 있도록 기회를 준다. 만약 나머지 학생 모두가 정답을 모르면 정답을 알려주고 카드를 카드 뭉치 안에 넣는다.

06 첫 번째 학생 왼쪽 편에 앉아있는 학생이 시계 방향으로 카드 뭉치를 이어 받아서 문제카드를 뽑아 문제를 읽는다. 동일한 방식으로 퀴즈 게임을 진행한다.

07 모든 퀴즈 카드를 다 활용하여 퀴즈 게임이 마치면 리그별로 앉아있던 학생들이 자기가 모은 문제 카드를 가지고 원래 모둠으로 돌아간다.
가장 많은 카드를 모은 모둠에게 미리 약속한 보상을 하고 마친다.

모둠 팀게임 토너먼트 퀴즈수업 진행 시 유의할 점

● 모둠 팀게임 토너먼트 퀴즈수업을 진행할 때 유의할 점을 실제 2009년 9월 2일 화요일 2교시 실과 시간에 진행했던 [놀이 일기]를 통해 자세히 알아보겠습니다.

2교시: 〈실과 애완동물 기르기〉

1교시에는 지난 시간에 배운 애완동물과 개 기르기에 대한 내용을 '서바이벌 모둠 퀴즈'로 풀었다. 각 모둠의 1번이 일어나 문제를 풀고, 틀리면 앉는다. 틀린 모둠에서만 2번이 일어난다. 마지막에 몇 번이 남았는지 확인하는 '지배아모 퀴즈'(지난 시간에 배운 것을 아느냐 모르느냐)를 진행했는데, 모두 100퍼센트 맞았다.

이번 시간은 '새 기르기' 시간, 새를 기르는 아이가 없고 실습용 새장 하나 없는 터라 진행이 어려운 상황이었지만, 동영상으로 십자매와 카나리아, 구관조 등을 살펴보았다. 여자 아나운서 같은 구관조의 목소리에 아이들이 깜짝 놀라며 재미있어 했다.

지루한 애완동물 기르기 시간인데, 팀게임 토너먼트 퀴즈로 아이들이 직접 퀴즈를 내도록 했더니 너무도 재미있어 했다. 나누어준 색지카드 3장에 모둠과 자기 이름, 그리고 배운 교과 내용에서 문제와 답을 쓰기로 했다. 잠시 후, 각 모둠의 1번은 1분단에 1모둠의 1번, 2모둠의 1번, 3모둠의 1번 … 8모둠의 1번까지 모였다. 2분단에는 각 모둠의 2번들이 앉고, 3분단에는 각 모둠의 3번들이 앉았다. 4모둠에는 각 모둠의 4번들이 모여앉았다.

각 모둠에 퍼진 1모둠 아이들이 각기 가져온 색지카드를 뒤집어 섞다가 그중의 한 장을 뽑아 문제를 냈다. 문제의 정답을 맞힌 아이는 문제 카드를 가진다. 그런 후에 시계방향으로 카드 뭉치를 넘기면, 다음 아이가 또 섞어서 문제 카드를 뽑아 문제를 낸다. 진행하다 보니 4모둠의 "정답"을 외치는 목소리가 너무 커서 종이나 지우개를 먼저 잡기로 바꾸었다. 또한 자기가 낸 문제는 못 풀도록 했다. 그랬더니 조금 공평해졌다.

은진이 7표, 재호, 지우 6표,
진영이, 택준, 호준이 5표, 대권, 민혁, 재범, 다경, 진섭 4표 등
특별히 잘 맞힌 아이들이었다. 문제를 모두 틀렸을 경우에도 문제와 답을 아이들에게 설명하도록 하여 다시 나왔을 때는 맞히도록 배려했다. 자칫 지루할 수 있었던 수업이 아이들의 참여로 활기차게 진행되어 좋았다.

09 교육연극으로 동기유발 하기

수업 시작 5분을 잡아라!

캐 "캐나다 두뇌연구자들의 실험에 의하면 '움직임이 없는 수업' 시간 동안 아이들의 두뇌, 특히 뇌세포는 굳어 있었다고 한다. 그와는 반대로 쉬는 시간을 알리는 종소리가 울리면, 이 세포들이 활기를 띠고 흥분하기 시작했다. 바로 이 활력과 생동감이 뭔가를 배울 때 필요한, 즉 교육에 필요한 조건인데, 이런 현상이 수업시간이 아닌 쉬는 시간에 일어나고 있다는 것은 많은 반성을 하게 한다…. 우리가 주목해야 할 부분은 이 세포의 힘이 아니라 쉬는 시간에, 즉 자유로운 시간에 배움과 관련된 두뇌활동이 가장 활발하다는 사실이다."

페에치쉬의 〈교실혁명〉 중에 나오는 글로, 참 교사들을 부끄럽게 하는 문장입니다. 수업시간에도 그 활력과 생동감이 뭔가를 배울 때 일어나게 하려면 어찌해야 할까요?

시 시를 지도할 때마다 힘들었습니다. 시를 마음으로 느끼고, 시인이 되어 글을 쓰게 하고 싶었는데 어찌할 바 모를 때 우연히 서준호 선생님의 교육연극 블로그를 방문하게 되었습니다. 그때 저는 5학년 2학기 '정자나무' 시를 통해 인상 깊은 곳을 찾는 시간을 준비해야 했습니다.

가장 손쉽게 시를 지도하려면, 동기유발로 간단히 잔잔한 배경음악과 함께 '여러 가지 정자나무의 영상 보여주기→시를 잔잔한 음악과 함께 낭송해보기→말듣쓰 교과서에 나오는 질문을 하나씩 직접 해결해보고, 함께 정답 찾기'의 문제풀이식 수업이 진행될 상황이었습니다. 그러나 더 나은 수업을 위해 어떻게 하면 좋을까 고민을 할 때, 우리 반보다 조금 더 빨리 진도를 나가 정자나무 시를 교육연극으로 표현한 블로그 글과 사진, 그리고 동영상을 보게 된 것입니다.

이 이 정도라면, 연극에는 나부터 자신 없는 우리 교실에서도 따라할 수 있겠다 싶어서 수업 시작 전에 갈갈이샘 블로그의 아이들 교육연극 장면을 하나하나 확대해서 보여주었습니다. 처음에는 "어떻게 하란 말이야."라던 아이들이 활발하게 토의를 하며 보여준 교육연극 수업은 그동안의 맹숭맹숭한 시 수업이 아니었습니다.

10분의 토의를 시키고, 그사이에 나도 돌아다니며 아이들에게 왜 그런 동작을 취했는지 묻고 답하며 동작에 도움을 줄 수 있었습니다. 저도 아이들도 함께 교육연극을 통해 성장하는 느낌을 받았습니다.

교수 효과를 극대화하는 교육연극

- 교육연극(Educational Theatre)은 연극에 포함되어 조금 의미가 다릅니다. 따로 정의를 내리자면, '연극의 교육적 가치를 연구하고, 연극을 교육매체로서 어떻게 활용할 수 있는가하는 실천적 방법론을 모색하고 탐구하는 것' 또는 '연극을 교육 방법의 매개로써 교육과정에 응용, 활용하여 교수 효과를 극대화하는 데 목표를 둔 교육 방법 또는 연극 방법'이라 할 수 있습니다.

- 학기 초에 아이들이 자신의 감정을 솔직히 표현할 수 있도록 여러 가지 연극놀이로 경직된 몸과 마음을 풀어주고, 교사 자신도 아이들이 표현할 수 있게 기다려주고 약간의 소란스러움도 너그러이 받아줄 수 있어야 합니다. 물론 기본적인 규칙을 제시하고 규칙이 지켜질 수 있도록 주의를 주는 것 또한 필요합니다. 교육연극에서 가장 중요시되는 것 중의 하나가 다른 사람에 대한 배려와 협동심을 키우는 것이니까요.

- 제 자신의 한계를 어찌할 수 없어서 많은 교육연극의 방법 중에서 연극에 익숙하지 않은 보통교사라 해도 손쉽게 시도할 수 있는 활동 중심으로 알아보겠습니다.

활·동·하·기 01

빈 의자(Empty chair)와
뜨거운 의자(Hot seating) 활용하기

- 동시나 이야기는 연극의 좋은 출발점입니다. 시의 아름다운 언어와 리듬이 우리를 매혹하여 자꾸 되뇌고 싶게 만들고, 시의 장면을 떠올리게 합니다. 우리는 우리의 머릿속 이야기에다 작가가 굳이 설명하지 않은 부분까지 마음껏 채워봅니다. 연극 만들기는 시와 이야기가 품고 있는 이런 상상의 여백을 몸으로 표현하면서 가상의 상황을 직접 경험하게 도와줍니다.

가 빈 의자 기법(Empty chair)

- 학생들의 앞에 빈 의자를 하나 놓고, 시나 이야기의 작가가 찾아와 앉아있다고 상상합니다. 먼저 희망하는 학생이 시인이 되어 자리에 앉습니다. 그런 다음에 참가자들이 돌아가면서 지은이에 관해 한 가지씩 일방적으로 대화합니다.

- 주로 도덕 시간에 잔잔한 음악을 틀어놓고, 아이들의 속마음을 털어놓게 할 때 활용하면 좋습니다. 빈 의자에 부모님이 앉아있다고 생각하고 아이들에게 "엄마 아빠 부탁이 있어요."라는 주제로 마음속에 쌓인 불만을 이야기해보게 했더니, 일어서서 발표하는 것은 어려워할 아이들이 너도나도 속마음을 열고 이야기했습니다. 집에서는 용기가 없어 선뜻 하지 못했던 말들을 의자에 엄마나 아빠가 앉아계신다고 생각하고 털어놓는 모습이 바로 '빈 의자 기법'의 힘이었습니다. '빈 의자 기법'은 연극치료의 성격까지 들어가서 아이들의 마음까지 치유해주는 특별한 교육연극 기법입니다.

나 뜨거운 의자 기법 (Hot seating)

- 학생들 중 한 명이 지은이의 역할을 맡아 의자에 앉습니다. 다른 참가자들은 지은이에 대해 궁금한 것들을 질문하고, 의자에 앉은 사람은 지은이로서 질문에 대답합니다.

[2009년 5월 26일 화요일] 수업 일기 중에서

3교시: 국어. 셋째마당 더 나아가기. 〈저녁 무렵〉〈동주의 개〉글을 다른 형식으로 바꾸어 쓰기 공부시간 '시인 모셔오기'.
〈저녁 무렵〉 글은 멋진 동영상으로 분위기를 느끼며 공부했고, 〈동주의 개〉는 교육연극의 기법을 활용했다.
'뜨거운 의자 (hot seating)' 기법은 아이들 중 한 명이 시를 지은 시인의 역할을 맡아 의자에 앉는다. 다른 아이들은 시인에게 시를 읽다 궁금한 것들을 질문하고, 의자에 앉은 사람은 정말 시인의 입장에서 상상력을 섞어가며 질문에 대답한다.
작년에 한번 해봤던 승호가 먼저 시인이 되어 의자에 앉았다. 아이들은 '동주의 개는 어떤 종류인가?' 라고 물었고, 승호는 재치 있게 교과서의 그림을 떠올리며 '달마시안과 진돗개의 혼혈' 이라고 대답했다. 그 외에도 "동주는 개와 몇 년 동안 살았는가?" 등의 질문이 이어졌고, 그 다음에는 시인을 여자로 바꿔보았다. 다경이가 나와 대답했는데……. 잘 대답하다가 "센둥이란 개의 이름은 어떻게 지었냐?"는 난감한 질문에 "바람에 잘 견뎌서……."라는 엉뚱한 답변을 해 자리에 들어가게 되었다. 다음으로 나온 시인은 '병주'. 병주 역시 상상력을 최대한 발휘하여 재치 있게 대답하다 "개가 이렇게 돌아갈 때 주인을 앞서가게 될 정도의 훈련을 어떻게 시켰나?"는 질문에 엉뚱하게 개 훈련교육원에서 훈련시켰노라고 대답해서 들어가게 되었다. 이런 상상력을 최대한 발휘하는 과정을 통해 모둠별로 글쓰기 공부가 보다 효과적으로 이루어지게 될 거라 믿는다.

다 패널 활동 (Panel activity)

- 뜨거운 의자 기법(Hot Seating)이 주로 시를 지도할 때 활용할 수 있다면, 이야기 속의 많은 인물들을 불러와 교육연극으로 지도하려면 패널 활동이 제격입니다. 뜨거운 의자 기법(Hot seating)은 등장인물 한 사람을 불러 그 사람과 인터뷰를 한다면, 패널 활동은 주요 등장인물 모두를 불러오고, 질문과 인터뷰 등을 할 수 있는 활동입니다.
질문만 받는 게 아니라 앞에 나온 인물들끼리도 서로 이야기를 주고받거나 행동이 오고가서 더욱 재미있는 활동입니다.

몸으로 표현하기

가 내레이션 기법으로 즉흥극 표현하기

- 국어 교과서 읽기 단원에서 적용할만한 교육연극입니다. 〈아낌없이 주는 나무〉를 들려주며 해보았는데, 아이들의 창의적인 표현에 제가 더 재미있었습니다. 대부분의 아이들은 나무를 자르는 장면에선 도끼질을 하는데, 전기톱을 표현하는 아이도 있더군요.

  01 아이들 중에 해설자를 한 명 정하고, 그 아이는 천천히 교과서의 본문을 한 문장씩 읽어준다.

  02 아이들은 주어진 역할 없이 들리는 대로 자신이 표현하고 싶은 대로 표현하게 한다. 아낌없이 주는 나무 같은 본문이라면, 둘씩 짝을 지어 나무와 소년의 역할을 해도 좋다. 등장인물이 많은 경우에는 시작 전에 대략 나오는 인물을 정하여 자기 역이 이야기 속에서 나오면 그때 그에 맞는 행동을 하게 해도 좋다.

- 중요한 것은 그 아이가 어떤 몸짓을 하기 위해 이야기에 집중한다는 것입니다. 나아가 줄거리를 몸짓으로 표현해야 하기에 훨씬 더 많은 집중과 사고력이 필요합니다. 잘했다, 못했다는 판단은 별로 중요하지 않습니다.

- 중간에 다른 친구를 따라하지 않도록 약속하고, 선생님이 "얼음" 하고 말하면 어떤 상황이든 그대로 멈춥니다. 이야기 중간 중간에 "얼음"을 외쳐 주의를 집중시킨 다음, 잘 표현한 아이를 격려해주거나 아이들에게 간단한 질문을 할 수 있습니다.

나 타블로 (Tableau, still picture: 정지된 화면) 만들기

- 타블로는 '정지된 화면' 사진처럼 정지된 상으로 표현하는 것이고, 인터뷰도 직접 자신이 그 인물이 되어 대답할 수도 있고, 주인공의 주변 인물이 되는 등 여러 관점에서 도입할 수 있는 쓸모 있는 기법입니다. 간단히 아이들이 알고 있는 속담을 이용해 타블로 만들기를 할 때를 가정해보겠습니다.

  01 먼저 모둠끼리 모여 속담을 정하고, 그 속담을 나타낼 수 있는 정지화면을 만든다. 모든 모둠이 정지화면을 만들 준비가 되었으면 발표할 순서를 정한다.

02 발표를 먼저 하는 모둠에게 따로 보상을 한다. 개인 활동에서는 자신이 먼저 발표하는 것을 꺼릴 수 있으나 모둠 발표에서는 집단이라는 보호막이 있어서 발표에 조금은 더 자신감이 생긴다. 먼저 발표하나 나중에 발표하나 모두 발표를 할 수 밖에 없는 상황에서 먼저 발표했다는 이유만으로 보상한다면, 아이들은 좀 더 적극적으로 변하게 된다.

03 아이들이 무대 위로 올라가고 준비가 되었다면, 교사가 "하나 둘 셋!"을 외친다. 그럼 무대 밖의 아이들은 "찰칵"이라고 외친다. 무대 위에 있는 아이들은 찰칵 소리와 함께 준비된 정지 동작을 만든다.

04 아이들이 정지화면을 보고 무슨 속담인지 맞히면 다른 모둠이 다시 발표를 하게 된다. 맞히지 못하면 교사가 가까이 다가가 터치하고, 그 아이는 움직이는 동작을 한다. 교사가 정지 동작 속의 인물들을 살짝 건드리면 그 상황에 맞는 짧은 대사를 할 수도 있다.

- 국어 읽기 교과서의 내용을 모둠 수만큼의 장면으로 나누어 짧은 줄거리를 적은 종이쪽지를 만들면 더욱 재미있게 진행할 수 있습니다. 각 모둠이 한 개씩 종이쪽지를 뽑아서 종이쪽지에 적힌 장면을 정지화면으로 표현합니다. 교사가 해설자를 맡아 전체를 하나로 엮을 수도 있습니다.

활·동·하·기 03

인간 마네킹 놀이

- 한 사람은 마네킹, 한 사람은 주인이 되어 마네킹을 움직여봅시다. 마네킹을 주제에 맞게 움직여 전시해봅시다. 이성간이라면 직접적인 신체 접촉 없이도 손을 약간 떼어 당기는 흉내를 내면 그 방향으로 몸을 움직이도록 약속합니다.

- 예를 들어 어버이날이라면, 부모님이 가장 좋을 때(또는 가장 부모님이 원망스러울 때 등)를 표현하게 해보세요. 표현한 동작을 보고 왜 그렇게 표현했는지 주인의 입장이 된 아이와 인터뷰하면, 서로의 생각들을 비교하며 들을 수 있습니다. 아이들의 다양한 마음까지 잘 드러낼 수 있는 시간이 될 것입니다.
  서준호 선생님은 '찰흙 놀이'라 하여 두 명씩 짝을 짓고, 한 사람은 찰흙이, 다른 한 사람은 조각가가 되어 선생님이 제시하는 주제를 조각하도록 지도하시더군요.

아이디어 더하기

- 연극놀이는 아이들을 몰입하게 해줍니다. 교실에서 갑갑했던 아이들의 영혼을 자유롭게 풀어줍니다. 처음에는 몸과 마음을 여는 연극놀이로 시작해서 수업시간의 '교육연극'으로까지 들어가는 게 제가 원하는 방향입니다. 하지만 저 자신이 교육연극 전문가가 아니기 때문에 자주 도움받는 사이트를 대신 소개드립니다.

가 갈갈이샘의 교육연극 사이트
– http://blog.daum.net/teacher-junho

- 서준호 선생님의 교육연극은 교실 수업을 중심으로 연극을 통해 어떻게 수업을 이끌지 젊은 고민이 가득합니다. 특히 선생님의 지브리쉬어로 말하기 시범은 매혹적이었습니다. 아이들의 표현도 선생님만큼이나 능숙하더군요. 동영상으로 볼 수 있어서 더욱 이해가 잘됩니다.

나 쨍쨍샘의 교육연극 사이트 – 인디스쿨의 [인디연수]-[쨍쨍의 연극놀이]
– http://www.indischool.com/indi20/studyPlay

- 최순자 선생님(http://blog.naver.com/jjaing21)의 연극놀이는 자유로운 영혼을 보는 기분입니다. 대한민국에서 가장 선생님 같지 않은 선생님이라고 불릴 정도로 특이한 이력을 가지신 분이지만, 연극놀이를 통해 들여다본 교실 속 아이들의 해맑은 표정은…… 정말 부럽습니다.

다 이영근 선생님의 교육연극 사이트
– http://chamedu.new21.org/zb4/zboard.php?id=yun

- 초등참사랑(http://chocham.com) 이영근 선생님의 연극놀이는 연극놀이 전문가는 아니지만, 하나하나 자기만의 연극놀이로 만들며 선생님만의 연극놀이를 구축하고 유목화 하는 과정이 가장 돋보이는 공간입니다.

더·알·아·보·기

 옥동진샘의 교육연극 사이트^^
– http://blog.naver.com/okdongjin

- 동자라는 닉네임에 어울리게 동영상 편집 실력까지 뛰어나셔서 갈갈이샘과 함께 동영상을 통한 교육연극의 시도를 저처럼 어설픈 사람도 따라할 수 있도록 돕는 사이트입니다.

수업 시작 5분을 잡아라!

10

색다른 빙고 게임으로 도입하기!

가 가르치지 않아도 아이들이 잘하는 것, 무엇일까요?
아마도 '떠드는 것'과 '노는 것'이 아닐까요? 쉬는 시간에 교실에서 아이들이 친구와 가장 많이 즐기는 게임은 '빙고 게임'입니다. 좋아하는 가수 이름을 4×4 16칸에 적고, 서로 하나씩 불러가며 이름이 적혀 있으면 O표를 해나가다 가로나 세로, 대각선으로 한 줄이 이어지면 크게 환호성을 지르며 "빙고"라고 외치지요.

빙 빙고 게임은 이렇듯 학생들이 쉬는 시간에 게임으로도 자주 했던 것이기 때문에 다른 게임에 비해 문제 출제가 쉽고 아이들에게 직접 시키는 것이 가능하며 이를 통해 창의력과 함께 반복학습의 효과도 기대할 수 있습니다. 이번 시간에는 차원이 다른 색다른 빙고 게임으로 동기유발 하여 학습효과까지 얻을 수 있는 방법을 알아보겠습니다.

색다른 빙고 게임

- 빙고 게임은 공부를 하면서 게임을 하는 느낌을 주므로 아이들에게 흥미로운 학습 방법이며, 빙고의 줄을 연결하는 방법에 따라 더 많은 응용방법이 있습니다. 빙고 게임에 있어서 선생님은 매 게임마다 사전에 빙고의 형태를 제시하는 방법으로 다시 해도 흥미로운 수업이 될 수 있습니다.

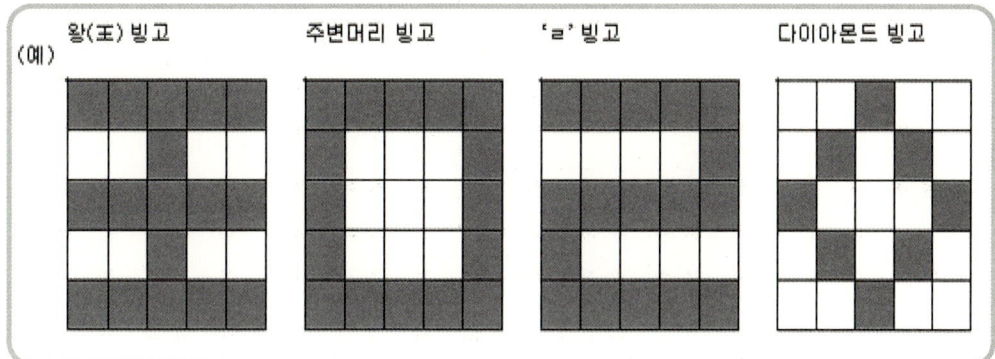

- 개인적으로 '블랙 빙고'를 즐겨하는데, 말 그대로 모든 빙고칸이 다 지워져야만 빙고를 외칠 수 있어서 훨씬 스릴 있고 재미있습니다. 이름의 호명은 처음에는 선생님이 시작하지만 다음부터는 지명된 아이가 원하는 학생의 이름을 릴레이로 지명할 수 있도록 하는 것이 좋습니다. 본인도 이름을 부를 수 있다는 기대와 더불어 아이들이 본인을 주시하고 있다는 느낌 때문일까 훨씬 게임이 박진감 있게 진행됩니다.

활·동·하·기 01

수업 시작 5분을 잡아라

단원 도입 빙고

- 빙고 게임하면 늘 공부를 다한 후에야 할 수 있는 것으로 오해하는 경우가 있는데, 단원을 도입할 때마다 새로 배울 중요한 단어를 미리 눈으로 익히며 공부할 수 있는 빙고 게임도 있습니다.
  저는 주로 사회과 단원을 시작할 때 교과서의 전체 내용을 숲에서 나무를 보듯 개관할 수 있도록 활용하고 있습니다.

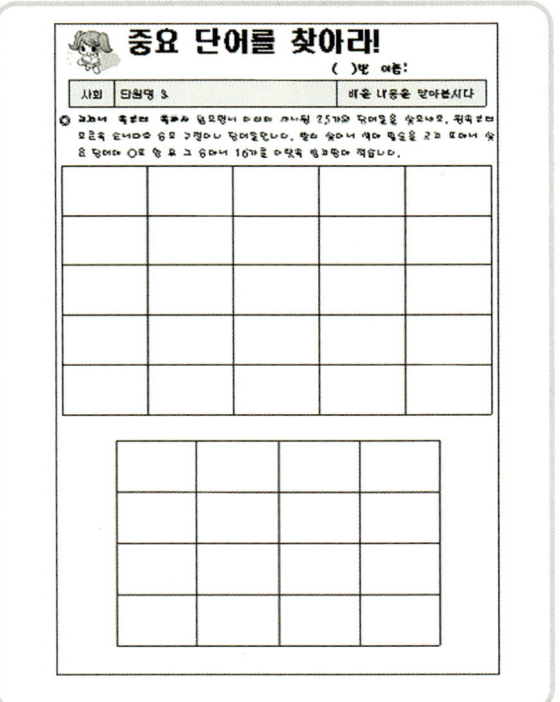

 단원 도입 빙고 진행방법

01 단원 도입 빙고는 미리 학습할 단원의 범위를 쪽수로 제시하고, 교과서를 스스로 읽으면서 아래쪽에 제시된 25개의 단어들을 찾도록 한다. 왼쪽부터 오른쪽 순서대로 교과서에 나오는 중요한 구절이나 단어들이 제시된다.

02 학습지에 있는 단어를 교과서에서 찾으면 학습지의 단어에 ○표를 한다.

03 다 찾은 후에는 그중에서 가장 중요하다고 생각되는 단어 16개를 아래쪽 빙고판에 옮겨 적는다.

04 먼저 교사가 가장 중요한 단어부터 하나씩 차례대로 부른다. 불린 단어가 자신의 단원 도입 빙고칸에 적혀있으면 그 단어에 ○표한다. ○표가 가로나 세로, 대각선으로 한 줄이 이어지면 "빙고"라고 외치고 약속한 보상을 받는다.
또는 학생들을 발표자 뽑기 프로그램으로 뽑아 선정된 학생이 단어를 부르고, 그 단어를 적은 아이가 학급 아동의 1/3 이상일 경우에만 ○표하도록 해도 재미있다.

05 아이디어 더하기
단원 도입 빙고에서처럼, 학습을 시작하려 할 때 배울 내용 중 중요하다고 생각되는 것을 빙고 놀이판에 적도록 하면 미리 배울 내용을 떠올려보며 더욱 재미있는 수업을 이끌 수 있다.

❶ 소단원 내용 중에서 교과서를 훑어보며 가장 중요하다고 생각되는 단어들을 5분 정도의 시간 안에 9칸의 빙고판에 적도록 한다.
❷ 먼저 교사의 지명을 받은 아이가 빙고판에 적어둔 단어 중에서 한 단어를 부른다.
❸ 이때 다른 아이들도 그 단어가 자신의 빙고판에 있다면 "빙고"라고 외치며 손을 든다. 일반적인 빙고 게임과 달리 손을 든 아이의 수가 과반수를 넘었을 때에야 그 단어에 ○표할 수 있다. 발표자는 단어를 고른 이유를 설명한 후 다른 사람을 지명한다. 절반에 못 미치면 다같이 "꽝"이라고 외친 후 다음 아이를 릴레이 지명하게 한다.

- 만약 국어 시간에 글의 내용을 듣거나 읽고 생각나는 중심 단어를 빙고칸에 적고 진행했다면, 빙고칸 안에 들어 있는 낱말을 보며, 교사가 부르는 중심 낱말이 있으면 ○표 합니다. ○표한 후에 그 중심 단어가 들어가게 줄거리를 요약해서 짧게 쓰도록 하면 더욱 좋습니다. 개인별로 하지 않고 모둠이 함께 상의해서 중심 단어 빙고를 진행하면 한 명에게 책임 돌리지 않고 모두들 마음을 모아 참여하므로 더욱 열광적인 참여를 이끌어 진행할 수 있습니다.

활·동·하·기 02   수업 시작 5분을 잡아라

 # 낱말찢기 빙고

- 낱말찢기 빙고는 원래 단어 암기를 위해서 영어 수업에서 활용된 색다른 빙고 게임입니다. 일반 교과학습에서도 그날 공부한 내용 중 가장 중요한 10개의 단어를 미리 선정하여 칠판에 적어두고 진행하면 재미도 있고, 기억에도 오래 남습니다.

 ## 낱말찢기 빙고 진행방법

01 교사는 세로로 한 장씩 잘라 학생들에게 낱말찢기 빙고 학습지를 나누어주고 이름을 쓰도록 한다.

02 학생들은 10개의 칸에 교사가 칠판에 적어둔 10개의 낱말을 적는다. 이때 자신이 원하는 칸에 낱말을 골라 적으면 된다.

03 교실 발표통에서 이름을 뽑거나 엽기토끼 발표자 뽑기 플래시를 이용하여 낱말을 부를 아이를 뽑는다.

04 가장 위쪽의 이름 쓴 부분은 어떻게 찢는지 가르쳐주며 직접 찢어보도록 한다.

05 지명된 아이는 자기 빙고 학습지에서 가장 위쪽이나 아래쪽에 있는 단어를 부르고, 다른 아이들은 그 낱말이 맨 위와 맨 아래에 있을 때에 빙고종이를 맨 위와 맨 아래 중 한 부분 찢을 수 있다.

06 발표자가 어떤 낱말을 한 번 부르고 난 후, 다음에 지명된 발표자는 똑같은 낱말이라도 반복해서 부를 수 있다.

07 가장 먼저 빙고 학습지를 다 찢은 아이부터 차례대로 보상한다.

- 실제로 단어를 부르면 바로 찢어낼 수 있도록 했는데, 그러다보니 전혀 중요하지 않은 단어들이 불리는 경우가 많습니다. 적어도 5명 이상의 아이들이 적었을 때 찢을 수 있도록 하는 것도 좋은 방법입니다. 낱말 찢기 빙고를 잘하려면 어떻게 해야 하는지 이야기를 나눌 필요가 있습니다. 공부한 단어 중에서 가장 중요한 것이 무엇인지 학생들이 스스로 핵심어를 찾고, 그 단어를 맨 위쪽이나 맨 아래쪽부터 써야 도움이 된다는 것을 스스로 깨닫도록 할 때 더욱 성공 가능성을 높일 수 있습니다.

낱말찢기 빙고 학년 반 번 이름	낱말찢기 빙고 학년 반 번 이름	낱말찢기 빙고 학년 반 번 이름	낱말찢기 빙고 학년 반 번 이름

07 아이디어 더하기

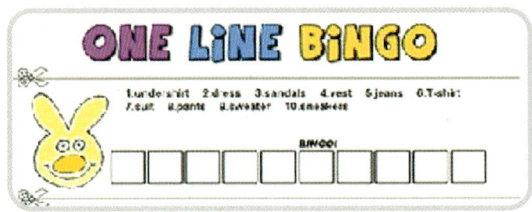

- 한줄 빙고 게임은 단어 읽기 연습을 재미있게 할 수 있도록 도와주기도 합니다.

- 먼저 그림과 같이 가장 중요한 단어를 미리 칠판에 적어주거나 학습지 위쪽에 적어 나누어줍니다. 다음에는 각자 1~10까지 번호를 네모 안에 무작위로 씁니다. 그런 다음에는 돌아가며 원하는 번호의 단어를 말하고 다른 아이들은 그 단어가 있는 칸을 지웁니다. 가장 먼저 왼쪽부터 6번째 칸인 'BINGO' 칸까지 지운 학생이 승리합니다. 단어를 기본문장에 연결하여 말하도록 하게 하면 더욱 효과적입니다.

10장 색다른 빙고 게임으로 도입하기!

활·동·하·기 03

땅따먹기 빙고 게임

- 땅따먹기 게임은 어린 시절, 한 번쯤은 친구와 돌을 굴려 땅 위에서 영역을 먼저 차지하기 위해 겨뤘던 전래놀이입니다. 빙고 게임과 땅따먹기 게임을 결합한 땅따먹기 빙고 게임은 땅따먹기 게임의 즐거움에 빙고 게임의 운을 더했습니다. 흰색과 검은색 바둑알을 하나씩 준비하면 됩니다.

땅따먹기 빙고 게임 진행방법

01 땅따먹기 빙고 게임 학습지를 나누어주고, 준비한 바둑알을 양쪽 준비석에 올려놓는다.

02 짝과 가위바위보로 순서를 정한 후 이긴 사람이 먼저 바둑알을 튕긴다.

03 바둑알이 들어간 칸에 제시된 문제를 풀고, 바르게 말했을 때에는 그곳에 색칠하여 자기 영역을 표시한다. 만약 틀리거나 바둑알이 밖으로 나가면 실패한다.

04 자기 영역 표시가 한 줄 빙고, 또는 두 줄 빙고가 되도록 바둑알을 잘 튕겨야 한다. 한 칸에 상대편과 함께 들어갈 수도 있다.

- 활동 후에는 아이들의 활동에 대해 다시 확인해주어야 합니다. 자신이 색칠한 부분의 내용은 바르게 이해했는지 다시 한 번 확인하는 과정을 통해 놀면서 공부도 되는 시간이 될 것입니다.

활·동·하·기 03

수업 시작 5분을 잡아라

108

더·알·아·보·기

빙고 게임 지도시 유의할 점

- 이렇듯 다양한 학습효과를 기대할 수 있는 빙고 게임이지만 몇 가지 주의할 사항이 있습니다. 우선은 게임을 주관하는 교사가 지나치게 경쟁의식을 부추기거나 이긴 아이만을 칭찬해서는 안 된다는 점입니다. 이럴 경우에는 게임에서 진 아이는 주눅이 들고 이후 결과에 집착할 수 있기 때문입니다.

따라서 결과보다는 노력하는 과정을 소중하게 여기는 모습을 보여주어야 합니다. 또 게임 과정에서 진행이 잘 되지 않더라도 어느 방향으로의 진행을 강요하거나 조급한 모습을 보여서는 안 됩니다. 학습을 목적으로 하더라도 어디까지나 즐겁게 해야 하는 것이 게임의 본래 의미이기 때문입니다.

수업 시작 5분을 잡아라!

11

톡톡 튀는 전시학습 상기 퀴즈!

많은 초임교사들이 열심히 공부를 가르쳤는데, 반 아이들의 성적이 잘 나오지 않는다고 고민합니다. 누구보다 열심히 가르쳤는데 왜 성적은 다른 반과 달리 제대로 나오지 않는 걸까요? 그 비밀 중 하나는 바로 수업시간마다 진행하는 '전시학습 상기'에 달려 있습니다.

선생님께서는 수업을 시작하실 때에 지난번 수업 요약을 깜박 잊으시고, 새 내용으로 곧바로 들어가십니까? 아니면 잊지 않고 꼭꼭 이전 시간에 이루어진 학습내용을 떠올리며 시작하십니까? 수업을 시작할 때에 새 내용으로 곧바로 들어가지 말고 지난 수업내용을 1~2분 정도 요약하면 훨씬 좋은 학습효과를 낼 수 있습니다.

장기기억을 돕는 전시학습 상기

- 수업의 시작은 '도입–전개–정리' 중 '도입'에 해당합니다. 도입부에는 동기유발로 학습자를 자연스럽게 끌어들이거나, 전시학습 요약정리를 해주거나 과제와 관련하여 필요한 선행지식이 부족하다 판단할 경우 필수 선행지식을 확인 점검을 통해 학습의 준비를 갖추는 단계입니다. 이중에 '전시학습 상기'는 지난 시간에 학습한 내용을 다시 한 번 떠올려주는 시간입니다.

- 인간의 뇌는 새로 공부하며 알게 된 정보를 뇌의 측두엽(뇌의 측면에 자리하여 언어와 개념적 사고, 연상을 담당)에서 해마로 보냅니다. 해마에는 한 번 공부한 내용을 약 한 달 정도 임시로 기억하고 있는데, 자주 반복해 기억을 떠올리지 않으면 불필요한 정보로 알고 기억에서 지워버립니다. 결국 오래 기억하려면 정기적으로 반복학습을 통해 해마에게 이건 중요한 정보니 꼭 기억하고 있으라고 이야기해주어야 합니다. 그제야 이러한 정보는 장기기억 속으로 옮겨져 두고두고 필요할 때마다 꺼내 활용할 수 있게 됩니다.

- 야스코치 테츠야는 〈쉽게 가르치는 기술〉이라는 책에서 외운 내용을 정착시키기 위해 단순한 전시학습 상기가 아니라 '누적형 테스트'를 하라고 권합니다.

- 첫 수업에서 A를 가르쳤다면, 두 번째 수업을 시작할 때는 A를 전시학습 상기로 떠올리게 하는 것입니다. 두 번째 수업에서 B를 가르쳤다면 세 번째 수업을 시작할 때는 전시학습 상기로 A와 B를 테스트합니다. 세 번째 수업에서 C를 가르쳤다면, 다음 네 번째 수업의 전시학습 상기에는 A와 B, C를 알고 있는지 확인하는 겁니다. 물론 뒤로 갈수록 복습하는 분량이 많아지기 때문에 학생들이 힘들 수도 있지만, 그만큼 더 중요한 부분에 대한 반복학습을 할 수 있는 것입니다.

활·동·하·기 01

 # 전시학습 상기 퀴즈로 시작하기

가 번호순으로 지배아모 퀴즈하기

- 저는 수업이 시작될 때에 먼저 선창을 합니다. "지난 시간에 배운 것을," 이때 아이들이 "아느냐 모르느냐!"라고 후창을 합니다. 그때 앞글자를 따서 제가 "지금부터 지배아모 퀴즈를 시작하겠습니다."라고 말하며, 지난 시간에 배운 내용 중에서 가장 중요한 문제를 퀴즈로 제시합니다.

- "각 모둠의 3번 일어나세요. 고종이 러시아 공관으로 피신해 있던 사건은 무엇이지요? 이때 처음으로 우리나라에 커피를 들여오게 되었습니다."

- 각 모둠의 3번은 자기 모둠과 상의하지 않고, 모둠칠판에 정답을 적습니다. 교사의 "하나 둘 셋!" 소리에 맞춰 모둠칠판을 들고, 교사는 맞힌 모둠을 확인합니다.

나 상플 깔때기로 전시학습 상기하기

- 수학 공부 시작할 때, 또는 정리 시간에 시간 끝날 때에 〈상상플러스〉 방송을 보고 자주 활용하던 간단한 평가 방법이 있습니다. 칠판에 전 시간에 공부했던 가장 중요한 문제를 내고, 정답을 아는 학생들만 내게 다가와 상상플러스 깔때기에 정답을 작게 이야기하는 것이지요. 정답을 맞히면, 자기 자리에 조용히 들어가 오늘 공부할 내용을 읽어보고 다른 친구들이 맞힐 때까지 잠깐의 자유 시간을 주었습니다. 만약 틀리면 "공부하세요."라는 한마디와 함께 사정없이 뿅!!! 내리쳐주는 깔때기…^^

다 풍선타이머로 배운 내용 이야기하기

- 예전에 우연히 일본 웹사이트를 서핑하다가 풍선폭탄(Ballon Bomb)이란 제품을 알게 되었습니다. 한 선생님의 도움으로 직접 일본에서 제품을 구입하려고까지 했는데 아쉽게도 단종이 되어버렸다는 소식을 전해 들었습니다. 풍선폭탄 제품은 끈을 당기면 타이머의 스위치가 들어갑니다.

- 끈을 당긴 상태로 시간을 조절할 수 있습니다만, 끝까지 당기면 약 30초 후에 바늘이 나오고 풍선이 터지게 됩니다.

- 이것을 사용해 지난 시간에 배운 내용 중에서 떠오르는 중요한 단어를 하나씩 이야기하며 풍선을 옆 사람에게 건네줍니다.

- 꼭 풍선폭탄이 없다고 해도, 시중에 많이 파는 타이머나 자명종 시간을 맞추어놓고 폭탄이 그려진 작은 상자에 담아 돌리게 해도 좋습니다. 최근에는 슈퍼타이머라는 파이어리 아이디어스 (www.fieryideas.com-[Freebies]-[The Supertimer]) 사이트의 자료를 이용해, 같은 요령으로 전시학습 상기를 시키는데 아이들이 풍선이 터질 듯한 조마조마함에 긴장하는 모습이 재미있습니다.

라 신문지공 던지기

- 신문지를 뭉쳐 만든 공(또는 탱탱볼 등)을 던져, 받은 사람에게 질문하고, 대답한 아이는 또 다른 친구에게 다시 공을 던져 대답하게 하는 활동입니다. 의외로 자신의 생각을 잘 표현하지 않는 아이들도 놀이라고 생각하면 입을 열게 됩니다.

- 예를 들어 "한국을 대표하는 것은?"이라고 하며 한 아이에게 던져줍니다. 공을 받은 아이가 "김치."라고 대답했다면, 이번에는 이 아이가 또 다른 아이들 중 이성의 아이에게 공을 던집니다. 남자아이였다면 여자아이에게 신문지 공을 건네고, 받은 아이는 "한복."이라고 대답합니다.

- 수업 정리 단계에서 활용한다면, 모둠별로 문제를 만들게 하고 모둠에서 문제를 내고 다른 모둠으로 공을 던지게 해도 재미있습니다.

마 눈덩이 게임

- 지난 시간에 배운 내용을 단어를 중심으로 상기하는 활동입니다. 암기가 필요한 내용에 적합하며 정리 활동으로도 활용됩니다. 개인별 게임으로도 모둠별 게임으로도 응용이 가능합니다.

  01 지난 시간에 학습한 내용을 교사와 학생이 함께 이야기한다.
  02 교사가 주제를 제시한다.
  "봄에 볼 수 있는 꽃을 말해 봅시다."
  03 "봄이 되면, 진달래도 있고." 다음 아이가 이어서 "봄이 되면, 진달래도 있고, 개나리도 있고." 라고 잇는다.
  04 세 번째 아이는 앞의 꽃을 다 이어 "봄이 되면 진달래도 있고, 개나리도 있고, 벚꽃도 있고……." 이렇게 차례차례 말을 이어나간다.
  05 더 이상 말을 잇지 못하면 끝난다.

바 이구동성 게임

- 4명이 한 모둠이 될 때는 교실 앞에 나와 사자성어나 네 글자 단어를 정해, 각자 한 글자씩 외칩니다. 그러나 좀 긴 내용일 경우에는 구성원을 늘려 활용하되 질문을 먼저 하고 대답을 나누어서 이구동성으로 합니다.

  01 전 시간에 배운 내용 중 한 단어를 골라 모둠별로 한 사람에 한 글자씩 동시에 외친다.
  02 설 때는 글자 순서대로 서야 한다.
  03 다른 모둠에서는 어떤 단어를 말했는지 맞힌다.

- 정답의 글자 수가 모둠 아이들 수와 같지 않다면, 중간에 '뻥' 글자를 넣습니다. 동시에 글자를 외치는 순간, '뻥'을 맡은 아이는 아무 글자나 다른 글자를 정하여 외칩니다. 다만 이 경우에는 교사가 미리 '뻥'이 있음을 문제를 맞히는 아이들에게 알려줍니다. 시간이 지나도 잘 풀지 못할 경우에는 몇 명의 '뻥'이 있는지도 알려줍니다.

11장 톡톡 튀는 전시학습 상기 퀴즈

활·동·하·기 02

학습내용 즐겁게 정리하기

가 복습 눈치게임

- 교실뿐만 아니라 어디에서든지 손쉽게 할 수 있는 게임입니다. 발표력이 없는 학생들도 큰 망설임 없이 나설 수 있고, 단어가 반복되면서 공부한 내용을 기억하는 데 큰 도움이 됩니다. 처음 게임을 시작할 때는 목표 숫자를 작게 잡아야 게임에 대한 흥미를 잃지 않고 계속 재미있게 참여할 수 있습니다. 5부터 목표 숫자를 잡고, 다음에는 10, 다음에는 15 순으로 목표를 올려 계속 도전합시다.

01 교사가 "복습 눈치게임 시작!"이라고 외치면, 아무나 한 명이 일어나며 그 시간에 배운 내용 중 한 단어를 말한다.
02 다른 학생들이 앞에서 나오지 않은 단어를 외치며 한 명씩 일어난다.
03 만약 한꺼번에 둘 이상의 아이들이 일어나거나 5초 이상 아무도 일어나지 않으면 다시 처음부터 시작한다.
04 반 전체가 한 팀이 되어 진행할 때에는 일어나는 목표 인원을 미리 정하고 달성하면 모두에게 보상한다. 두 팀으로 나누어 할 때에는 제한시간 내에 더 많은 단어를 말한 팀이 이긴 것으로 약속한다.

나 복습 텔레파시 게임

- 학생들과 함께 배운 내용을 게임으로 정리하고 그것을 모둠별로 동시에 외치게 하여 같은 단어를 말한 모둠이 이기는 놀이입니다. 아무런 부담 없이 참여할 수 있고, 공부한 내용을 오래 기억할 수 있도록 도와줍니다. 동시에 두 모둠이 같은 단어를 외치면 두 모둠에게 각각 20점을 줍니다. 동시에 3모둠이 같은 단어를 외쳤으면 3모둠에게 각각 30점을 줍니다. 이렇게 둘 이상의 모둠이 외친 단어는 칠판에서 지워나갑니다.

01 수업시간에 배운 단어들을 칠판에 정리한다.
02 교사가 "하나 둘 셋!"을 외치면 모둠별로 칠판에 적힌 내용 중 한 단어를 크게 외친다.
03 동시에 같은 단어를 외친 모둠이 이긴다.
04 중요한 단어인 경우 반 전체가 같이 해도 좋다.

115

활·동·하·기 02

다 하얀 거짓말 게임

- 배운 내용에 대해 참인 문장 2개와 거짓인 문장 한 개를 만들어 문제를 내는 게임입니다. 거짓인 문장을 만들어 봄으로써 재미를 느낄 수 있고, 더 확실한 개념정리가 가능합니다.

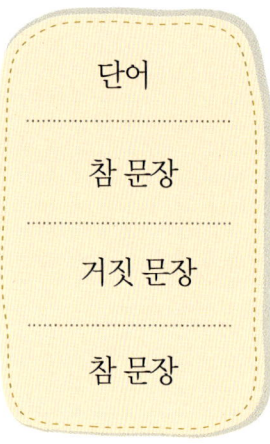

- **01** 모둠별로 A4용지 한 장을 4등분하여 접고, 오늘 배운 내용 중 한 단어에 대한 문장을 3개 만든다.
- **02** 참인 문장을 2개, 거짓인 문장을 하나 만든다.
- **03** 모둠별로 차례대로 수수께끼를 낸다. 수수께끼를 낸 후에는 정답 부분만 뒤로 접고 다른 모둠에게 보여준다.
- **04** 다른 모둠은 정답이 무엇이며 하얀 거짓말은 무엇인지 찾아야 한다.

- 예를 들어 '강화도 조약'에 관한 진실 두 가지와 거짓 한 가지를 모둠별로 모둠칠판에 적어봅니다. 각 모둠원 중 한 명이 하얀 거짓말이 담긴 모둠칠판을 가지고 다른 모둠을 돌아다니며 문제를 내고, 그 모둠원들은 거짓 한 가지를 구별해 봅니다. 그런 후에 PPT 자료로 오늘 배운 내용을 정리하면 딱 좋습니다.

라 로또 복권을 잡아라!

- 상대팀이 만든 문제를 받아 풀이하는 과정을 점수로 매기는 놀이입니다. 복권 때문에 흥미를 유발하여 문제풀이에 대한 집중도를 높일 수 있습니다.

01 모둠별로 문제를 만든다. 문제 수는 모둠 인원수 +2로 한다.
02 만든 문제를 구기거나 종이비행기 형태로 만들어 교실 앞으로 날린다.
03 이때 문제 중에는 복권이라고 쓴 종이도 있다.
04 한 모둠씩 앞으로 나와 문제를 풀이한다. 모둠원 한 명당 한 장씩 순서대로 종이를 주워 문제를 큰 소리로 읽고 정답을 말합니다. 정답이면 10점을 획득한다. 복권이라고 적힌 종이를 줍게 되면 50점을 얻고, 문제를 한 장 더 주워 풀 수 있다.
05 가장 높은 점수를 받은 팀이 승리한다.

마 내 몸에 저장하기

- 수업내용과 신체의 각 부분을 연결하여 기억하게 하는 연상법입니다. 신체뿐 아니라 학급환경, 주변 사물 등 여러 영역으로 확대 적용이 가능합니다.

01 이번 시간에 학습한 내용 중 꼭 기억해야 할 단어들을 교사가 칠판이나 모니터에 순서를 정해 제시한다.
02 제시어를 순서대로 자기 몸의 특정한 부위와 연관시켜 기억한다.
03 칠판이나 모니터의 제시어를 지우고 자기 몸의 특정한 부위를 짚어가며 학생들의 기억을 확인한다.

더·알·아·보·기

전시학습 상기 시 유의할 점

- 전시학습을 떠올리게 할 때에는 되도록 학생 스스로 질문을 만들고, 예측하고, 글을 읽은 후 예측이 맞는지를 확인하며, 글을 읽는 목적을 스스로 정하고, 거기에 맞추어 읽으며 자신이 이해하고 있는지를 확인하는 등의 활동으로 이루어진 학생 중심의 교수-학습 방법이 필요합니다. 무엇보다 학생 스스로 '생각하도록' 지도해야 합니다.

- 교사가 학생 스스로 텍스트의 중요 개념을 구조화하며, 학생 스스로 질문을 만들게 하려면, 교사는 이와 같은 과제들을 수행하는 방법을 가르쳐야 합니다. 읽기 수준을 향상시키고 학습한 내용을 오래 기억하기 위한 학습 방법을 개발해야 합니다.

[지도안에서의 전시학습내용 상기하기 예시]

★ 전시학습내용 상기하기

T : 지난 시간에 무엇을 배웠지요?
S : 지난 시간에 띄어 읽기를 했어요.
T : 어떤 내용이 생각나나요?
S : 정남이 등불을 들고 다니는 내용이 생각납니다.

수업 시작 5분을 잡아라!

12

포스트잇으로 모두를 참여시키기!

예전에 부일초등학교의 한 선생님이 게시판 아이들의 작품에 아이들이 직접 포스트잇으로 작품에 대한 감상을 적어 붙여 소통하게 하는 모습을 보았습니다. 학부모 총회 때에는 부모님들에게 1500원짜리 하트 모양 포스트잇을 선물하여 아이와 평소에도 대화를 나눌 수 있는 소통의 도구로 활용케 안내하셨던 좋은 선생님들도 많았습니다. 저도 어버이날 전에는 '포스트잇 숨바꼭질 미션'이라고 이름 붙이고, 학교에 오기 직전에 부모님께 절대로 들키지 않도록 조심해서 냉장고나 신발장 혹은 현관문, 화장실 거울에 포스트잇을 붙여놓고 오게 하곤 했습니다. 물론 포스트잇에는 부모님께 마음 담아 짧은 감사의 글을 쓰도록 했습니다. 그날 아이들의 일기 속에서 그저 어버이날을 맞아 습관적으로 쓰던 편지를 받았을 때와는 또 다른 감회가 담긴 사연들을 만날 수 있었습니다.

포스트잇의 무궁무진한 쓰임새

- 포스트잇은 간단하게 붙일 수 있고, 떼어내도 흔적이 남지 않는다는 장점이 있으며, 어디서나 쉽게 구할 수 있습니다. 이 포스트잇은 아이들의 독서 습관을 기르는 데에도 아주 쓸모 있습니다.

- '기적의 계산법'으로 잘 알려진 가게야마 교장 선생님을 따라, 국어 시간이면 아이들의 어휘력을 길러주기 위해 책에서 새로 알게 된 단어는 반드시 국어사전에서 찾아 포스트잇을 붙여놓게 습관을 길렀습니다. 책을 읽으며 중요한 내용을 발췌하여 그것을 포스트잇에 간략히 요약하여 메모함으로써 주제를 파악할 수 있고, 요점만 뽑아 요약할 수 있는 기술도 터득할 수 있도록 했습니다.

- 교과 시간에 분류하기 단원에서, 또는 여러 가지 의견을 칠판에 적어두고 아이들이 생각해두었던 의견에 포스트잇을 붙였다가 토의 토론을 거치고, 다시 생각이 바뀌면 포스트잇을 옮길 수 있도록 진행해도 재미있습니다. 무궁무진한 활용이 가능한 포스트잇, 무엇보다 포스트잇은 수업시간에 놀이를 적용해 아이들이 흥미 있게 참여하는데 유용한 도구가 될 수 있어서 좋습니다.

활·동·하·기 01

수업 시작 5분을 잡아라

나는 누구일까요?

- 내 등에 붙어 있는 포스트잇에는 어떤 동물 이름이 적혀 있을까? 시끌벅적하게 돌아다니며 친구들에게 내 등에 붙어 있는 단어를 알기 위한 질문을 던지는 동안, 동물의 분류에 대한 공부를 마치게 되는 즐거운 게임입니다.

- 2006년에 4학년 학년 대표 공개수업을 할 때, 사회과 우리나라의 세계문화유산에 대해 공부하게 되었습니다. 미리 칠판에 그날 학습한 세계문화유산을 적어주고, 등에 붙어 있는 포스트잇에 어떤 세계문화유산이 적혀있는지 친구들을 만나 물어보며 찾게 하였습니다. 아이들은 열광적으로 즐거워하며 참여했습니다. 무엇보다 어떻게 질문을 해야 하는지 정답을 찾은 아이들에게 질문하는 과정에서 또 하나의 학습이 이루어졌습니다. 포스트잇 대신 라벨지를 이용하는 방법도 간편해 좋았습니다.

- 세계 여러 나라, 태양계 행성 식물, 동물, 유명한 과학자, 공룡, 책의 주인공, 주요 시·도, 역사적인 사건 등 학습문제와 관련된 내용이면 얼마든지 응용이 가능합니다.

나는 누구일까요 진행방법

01 미리 교사가 포스트잇에 공부할 단어를 적어놓아도 되고, 학생들에게 한 장씩 나누어주고 스스로 쓰게 해도 좋다.

02 이 포스트잇을 학급 모든 학생들의 등에 붙여주는데, 만약 세계 여러 나라의 이름이 적혀 있다면, 내 등에 어떤 나라 이름이 붙어 있는지 알 수 없다.

아이들이 쓴 연예인의 이름을 다른 모둠아이의 등에 붙였어요

O3 이제 학생들은 교실을 돌아다니면서 자신이 누구인지를 발견해야 한다. 다른 친구를 만나 자신이 누구인지에 대해 두 가지 질문을 할 수 있는데, 질문을 받은 친구는 "예." "아니오."라고만 대답할 수 있다.

O4 자신이 누구인지 발견한 학생은 등에 붙인 포스트잇 종이를 가슴 앞에 붙이고 아직 도움이 필요한 친구들을 도울 수 있다.

- 자신이 누구인지 제대로 발견하지 못하는 학생들을 돕기 위해 모든 인물의 명단을 미리 칠판에 적어놓고, 발견해내는 인물마다 표시를 할 수도 있습니다.

- 읽기 책에 나오는 인물을 포스트잇에 썼다면, 인물의 성격에 대해 공부한 후에 질문할 때 자기가 생각한 성격에 대한 부분만을 질문하도록 지도하면 효과적입니다.

활·동·하·기 02

포스트잇 빙고

- 포스트잇을 떼어내면 문제가 숨어있는 유쾌한 빙고 게임입니다. 무엇보다 학생들이 직접 만든 문제가 출제되기 때문에 더욱 적극적으로 참여합니다. 가로나 세로, 대각선으로 이어지는 한 줄의 문제를 다 맞히면 보상을 받을 수 있습니다.

포스트잇 빙고 진행방법

01 모둠별로 교사가 나누어준 가로 세로 3칸씩 9칸인 빙고판에 9개의 문제를 만들어 적도록 한다. (시간이 넉넉하다면, 개인별로 만들게 해도 좋다.)

02 문제를 모두 만든 후에는 따로 정답지를 만들고, 9개의 문제는 각각 포스트잇으로 가려둔다.

03 서로 다른 두 모둠이 두 개의 포스트잇 빙고판을 서로 교환하고, 한 사람씩 모둠 대표를 뽑아 가위바위보를 한다.

04 이때 이긴 아이가 속한 모둠에서 상의하여 임의의 포스트잇을 떼어내고 문제를 읽는다. 만약 문제의 정답을 맞히게 되면, 포스트잇을 떼어낼 수 있지만, 틀리면 다시 포스트잇으로 문제를 덮는다.

05 다음에는 다른 아이가 모둠의 대표가 되어 다시 가위바위보를 하여 게임을 진행한다. 이때 포스트잇을 떼어낸 모양이 가로나 세로, 대각선으로 한 줄이 이어지면 "빙고."라고 외치고, 승리하게 된다.
아이들이 직접 문제를 만드는 과정에는 많은 훈련이 필요하다. 처음에는 교사가 직접 만든 문제에 포스트잇을 붙여 모둠별로 나누어주고, 모둠 안에서 두 팀으로 나누어 겨루게 해도 좋다.

포스트잇으로 꾸리는 피라미드 토의

- 피라미드 토의는 그림과 같이 먼저 1:1로 상대방과 만나 토론과 토의 과정을 거쳐 서로 합의를 합니다. 합의를 이룬 이후에는 2:2로 확장시켜 토론을 거쳐 합의를 이루어 나가는 방법입니다. 이와 같은 과정을 거쳐 본인의 주장을 명확하게 하고 본인 주장을 상대방에게 이해 설득시키는 훈련을 터득하게 됩니다.

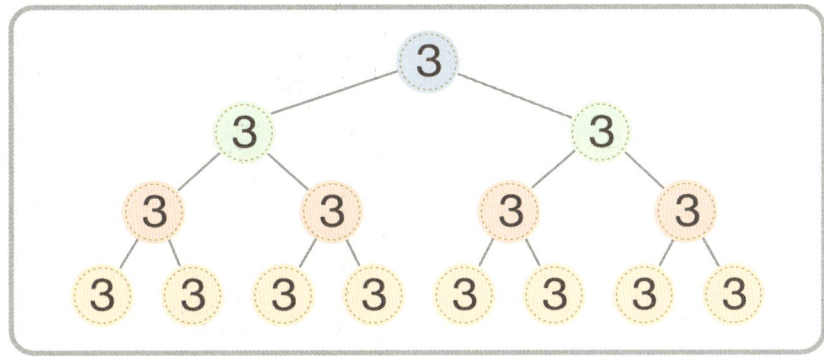

 포스트잇 피라미드 토의 진행방법

01 오늘 학습문제와 연관이 있는 주어진 질문(예: 초등학생이 학교에 휴대전화를 가져와도 되는가? 등)에 대해 각자 생각한 주장과 그 까닭을 포스트잇에 적는다. 그 까닭은 2~3개 정도까지 적어도 좋다.

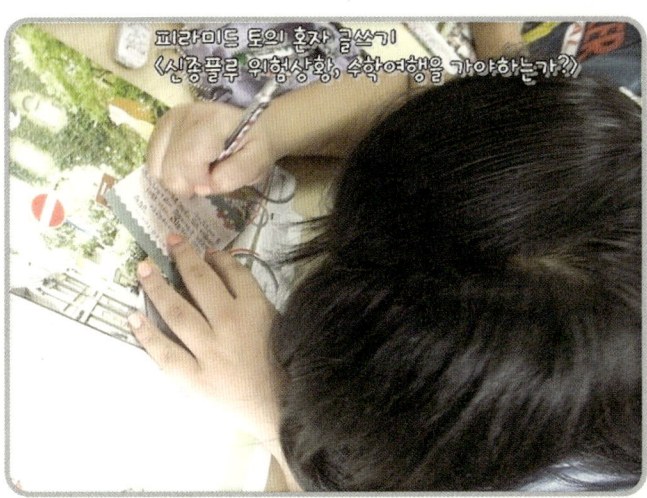

활·동·하·기 03

02 각자 기록한 내용을 가지고 옆에 앉은 아이와 1:1로 만나 서로의 카드를 보여주며 자기 생각을 이야기한다.

03 서로의 카드 중에는 같은 내용도 있을 것이고 같은 내용이라도 표현을 달리한 것이 있을 것이다. 따라서 상대방과 토론과 토의를 통해 두 장의 포스트잇 중에서 한 장만 남기고, 결정된 포스트잇의 글을 쓴 아이 뒤에 버려진 포스트잇의 주인이 뒤따른다.

04 이런 과정을 통해 자기의 생각을 상대방에게 표현하고 양보와 관철을 위해 설득과 대화를 경험하게 되는데, 서로의 주장이 팽팽하게 맞설 때는 교사에게 중재를 요청한다. 교사는 최대한 객관적으로 이해를 시키고, 그중의 한 의견에 손을 들어준다.

05 이번에는 2:2로 네 명이 만나서 한 장의 포스트잇으로 의견을 정리한다. 이렇게 4:4, 8:8 차례차례 전체 참가자가 2개 팀으로 나뉠 때까지 토론을 계속한다.

06 2개 팀의 내용을 놓고 전체가 모인 자리에서 최종적으로 합의를 거쳐 우리 반의 마지막 결정을 도출하는 방식이다. 남자 팀과 여자 팀으로 나뉘도록 진행해도 좋다.

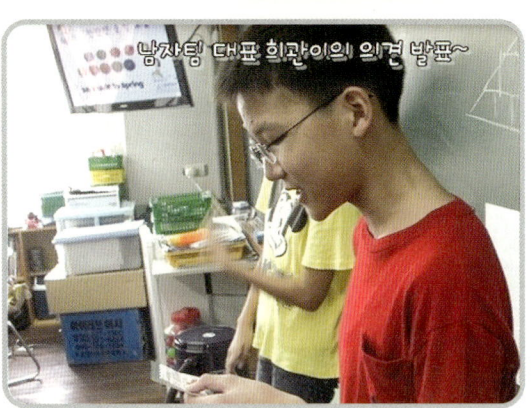

- 피라미드 토의는 모든 학생이 참가하며, 토의를 통해 의견 조정하는 방법을 배울 수 있고, 합의를 통해 학급 전체가 의견을 모은다는 점에서 특별히 의미 있는 토론 수업이 될 수 있습니다.

아이디어 더하기

- 칠판에 서로 나뉠 수 있는 의견을 미리 게시하고, 개인의 의견을 자유롭게 나눈 후 기준을 다시 정하여 분류해도 재미있습니다.

- 과학시간에 사용할 때도 좋고 발표를 잘 못하는 아이들이 수업에 참여할 때도 좋습니다. 아울러 포스트잇을 붙였다 떼었다 하는 재미도 있습니다.

01 모둠별로 각 개인에게 같은 색의 스티커를 4장씩 나누어준다.
02 주제를 제시한다.
　　(예: 신종플루 백신은 누구에게 먼저 주어야 하는가?
　　① 의사 ② 교사 ③초등학생 ④ 임산부 ⑤ 만성질환자)
03 개인별로 포스트잇에 개인의 의견을 한 장에 한 가지씩 적은 후, 칠판에 써놓은 해당 의견 아래쪽에 자유롭게 붙인다.
04 같은 의견을 가진 아이들끼리 따로 모여 서로의 의견을 모둠별로 발표한다.
05 그런 다음, 생각이 바뀐 아이는 다른 쪽으로 포스트잇을 옮길 수 있도록 한다.
06 몇 차례 의견을 포스트잇으로 표시하고, 마지막으로 실물화상기를 통해 모둠의 의견을 발표한다.

- 피라미드 토론이나 포스트잇 의견분류하기 활동은 의견 제시 및 분류하기 수업에 아주 쉽게 적용할 수 있습니다.

더·알·아·보·기

포스트잇을 활용한 동기유발 시 유의할 점

- '나는 누구일까요?' 게임을 할 때 교실이 시끄러울 것 같아 걱정된다면 포스트잇이 등에서 떨어지면 탈락한다고 시작하기 전에 미리 약속을 하는 것이 좋습니다. 그럼 정말 살살(?) 걸어 다닙니다. ^^

- 모둠에게 각각 카드 한 장씩을 나누어주고, 공부한 내용 중에 가장 중요한 단어 하나를 적어 내도록 해도 재미있습니다. 모둠 대표의 등에 붙이고 모둠별로 질문을 하나씩 합니다. 질문에 맞게 답변하면, 10점씩 받습니다.

- 이질적인 모둠을 구성하고, 각 모둠의 한명을 불러내어 등 뒤에 라벨지를 붙입니다. 각 모둠에 돌아가서 모둠 아이들 입에서 "예." 또는 "아니요."라는 대답만 나오도록 질문을 합니다. 정해진 시간이 되면, 어떤 모둠에서 정답을 맞혔는지 확인하면 됩니다.

- 또한 교실에서 만난 아이와 가위바위보를 하고, 이긴 아이만 상대방 등 뒤의 낱말에 대해 추측할 수 있는 질문을 하게 해도 재미있습니다. 대답하는 아이가 "예." 또는 "아니요."라고 대답했을 때, 정답을 알게 된 아이는 선생님에게 정답을 말하러 옵니다. 정답을 맞힌 아이가 속한 모둠에 1점을 주고, 새로운 낱말 포스트잇을 붙여 계속 줍니다. 정해진 시간 내에 많이 점수를 얻은 모둠이 이기게 됩니다.

- 아이들이 집중해서 하는 질문은 동기유발이 확실히 되어 분위기가 좋아집니다. 또한 어떤 질문을 해야 정답을 얻을 수 있을 지 좋은 질문과 나쁜 질문에 대해 교사와 한 아이의 시범을 통해 지도를 하고 나면, 훨씬 정답을 빨리 구하기 위한 바른 질문들을 하게 됩니다.

- 학기 초에 학급 비품을 신청할 때 포스트잇을 따로 많이 신청해두면 충분히 유용하게 활용할 수 있어서 좋습니다. 포스트잇을 활용한 놀이들은 하나같이 자기 주도적으로 수업에 참여할 수 있게 해줍니다. 평균적으로 교사는 80퍼센트를 강의식 수업으로 이끈다고 합니다. 포스트잇이 학생들이 수업에 주도적으로 참여할 수 있게 해주는 작은 도구로도 잘 활용되면 좋겠습니다.

수업 시작 5분을 잡아라!

13

친구 가르치기의 비밀 '스피드 퀴즈'

몇 몇 년 전에 수원에서 교원대 백영균 교수님과 함께 에듀테인먼트 놀이수업 워크숍에 참가한 적이 있습니다. 간단한 놀이소개를 마치고, 나오는데 예전에 제 강의를 들으셨다는 한 여자 선생님을 만났습니다.

허 "허 선생님, 선생님과의 만남은 제게 너무 큰 힘이 되었답니다. 선생님 덕분에 아이들과 보다 행복한 생활을 할 수 있었어요. 그런데 제게 큰 고민이 하나 있어요. 우리 반 아이들이 가장 좋아하는 놀이는 '골든벨 게임'도 아니고, '스피드 퀴즈'예요. 그런데 문제는 아이들이 지나치게 스피드 퀴즈를 좋아해서 매일 스피드 퀴즈만 하자고 조르는 거예요."

무 무엇이 그 아이들을 그리도 푸욱 공부에 빠지게 한 걸까요? 모두 알고 있지만, 아무도 하지 않는 특별한 수업, 스피드 퀴즈를 맛깔나게 진행하는 방법을 함께 알아보겠습니다.

90퍼센트를 기억하게 하는 '친구 가르치기'

- 사람들은 하루만 지나면, 귀로만 들은 정보는 20퍼센트, 눈으로 본 정보는 30퍼센트, 눈으로 보고 귀로 들은 정보는 50퍼센트, 몸으로 체험한 정보는 80퍼센트를 기억한다고 합니다. 그런데, 무려 90퍼센트를 기억할 수 있는 비법이 있습니다. 무엇일까요?

- 바로 '친구 가르치기' 입니다. 흔히들 친구를 가르치는 것은 손해를 본다고 생각하는 사람도 있지만, 친구를 가르치기 위해서는 내가 정확하게 알고 있어야 하고, 친구를 가르치는 동안에 다시 한 번 되새기게 됩니다.
'친구 가르치기'를 활용하는 가장 좋은 방법 중 하나가 바로 '스피드 퀴즈'입니다. 제한시간 내에 누가 문제를 빠르고 정확히 맞히는지 겨루는 스피드 퀴즈 방식은 이미 많은 교실에서 활용되고 있습니다.

- 가장 고전적인 퀴즈 형태인 스피드 퀴즈는 보통 유명인물, 속담, 영화제목 등을 각각 60초 동안 가장 많이 푸는 팀이 승리하는 방식으로 진행됩니다. 그런데 매번 주제별로 종이 카드를 준비하는 과정에 많은 준비가 필요한 까닭에 교실 현장에서 적용하기가 어려운 놀이이기도 합니다. 이번 시간에는 플래시로 만들어진 스피드 퀴즈 자료를 활용해보겠습니다.

활·동·하·기 01

 ## 반 아이들 모두와 즐기는 전체 스피드 퀴즈

- 기본적인 스피드 퀴즈의 진행방법은 모둠별로 앞에 나오고, 모둠 아이들 중 가장 그 과목의 지식이 풍부한 학생이 프로젝션 텔레비전 앞에 놓인 의자에 앉습니다. 모둠에 남은 아이들이 그 아이 앞에서 교사의 "시작" 신호와 함께 텔레비전 화면에 보이는 단어를 설명하고, 앉아있는 아이가 문제의 정답을 맞히거나 "통과"라고 말하고 다음 아이가 계속 설명하며 진행합니다.

- 특히 진행할 때 예전에는 일일이 종이 카드에 단어를 쓰고, 카드 뭉치를 모둠별로 준비해야 했지만, 최근에는 플래시툴의 발달로 간단히 '아이스크림'에서 제작한 자료(i-scream.co.kr-[커뮤니티]-[자료품앗이]-[즐거운 수업도우미])를 이용해 쉽게 활용할 수 있습니다.

- 본 플래시툴은 총 10개의 모둠 안에 10개의 문제를 저장할 수 있습니다. 총 100문제를 미리 적어놓으면 랜덤으로 10개씩 묶어서 10개의 모둠으로 나누어줍니다. 먼저 같은 폴더의 speed.txt 파일을 메모장으로 열어서 여러 가지 직업에 해당하는 단어들을 입력하고, 저장합니다.

1. 스타트를 누르면 10개의 케이크가 보입니다.
   각 케이크는 각기 다른 모둠입니다. 케이크에 번호가 적혀 있는데 간략한 이름으로 직접 바꾸셔도 됩니다.
2. 상단에 10문제 중 7문제를 맞혀야 케이크를 먹을 수 있다는 문장에서 '7문제'는 통과점수를 뜻합니다. 이는 txt 파일에서 통과점수를 바꿀 수 있습니다.
3. 케이크를 선택하면 본 게임 화면이 나옵니다. 시작에 앞서 남은시간을 설정할 수 있습니다.(60초가 디폴트) 직접 입력하셔서 시간을 조절하시면 됩니다.

13장 친구 가르치기의 비밀 '스피드 퀴즈'   활·동·하·기 01

❹ 시작 버튼을 누르면 문제가 제시되고 [정답] 버튼과 [통과] 버튼으로 게임을 진행하시면 됩니다.
❺ 문제를 다 풀고 나면 결과 피드백이 나옵니다. 그리고 왼쪽 [결과보기] 버튼을 누르시면 각 모둠별 점수 합계가 정리되어 나옵니다. 확인도장이 찍힌 케이크가 문제를 푼 모둠입니다.

- 이런 일반적인 스피드 퀴즈에 대한 학생들의 호응은 엄청납니다만, 한 모둠이 설명할 때 다른 모둠은 구경만 해야 하기 때문에 자칫 여러 번 진행하다 보면, 남은 모둠 학생들의 긴장감을 떨어뜨려 지루하게 될 수 있습니다. 또한, 첫 번째 모둠 학생들이 다음 모둠에 비해 긴장해서 설명을 잘 못하기도 합니다. 게다가 앞에서 나온 단어가 또 나오면, 뒤에 나온 모둠이 이롭게 됩니다. 따라서 모둠별 스피드 퀴즈 대신 반 전체 학생이 '공동의 목표'를 정해서 함께 스피드 퀴즈에 도전한다면, 훨씬 적극적인 수업이 진행될 것입니다. 다른 모둠과의 경쟁이 아니라 반 아이들 모두가 같은 목표를 향해 도전하는 전체 스피드 퀴즈! 즐거울 것 같지 않나요?

 ## 반 전체 스피드 퀴즈 진행방법

01 미리 이천중학교 김정식 선생님이 만드신 웹스피드 퀴즈 플래시툴을 다운로드 받고, 압축을 푼다.

02 data.txt 파일을 더블클릭하여 메모장으로 연다. 발표자 명단과 오늘 교과 공부와 관련된 단어를 입력한다. mun 변수 뒤에 중요한 단어를 계속해서 콤마를 찍어 가면서 내고 싶은대로 적으면 된다.

&mun=아시아, 유럽, 남아메리카, 북아메리카, 태평양, 대서양, 인도양, 오스트레일리아, 상해, 철광석, 양털, 쇠고기, 브라질, 아르헨티나&

O3 반 전체 학생들을 대상으로 전체 스피드 퀴즈를 시작할 때, [문제수 제한]에 체크하고, 30문제를 선택한다. 현재는 30문제까지만 진행할 수 있기 때문에 전체 학생들이 함께 두 번, 세 번 도전할 수 있도록 하는 것이 좋다.

O4 시작하기 전에 학생들과 함께 '공동의 목표'를 결정한다. '컴퓨터실 자유 시간' '과자파티' '컵라면 파티' '친한 친구들과 앉기' 등 아이들이 직접 정한 목표를 칠판에 모두 게시하고, 그중에서 가장 마음에 드는 두 가지 목표에 손을 들 수 있도록 하여 결정한다.

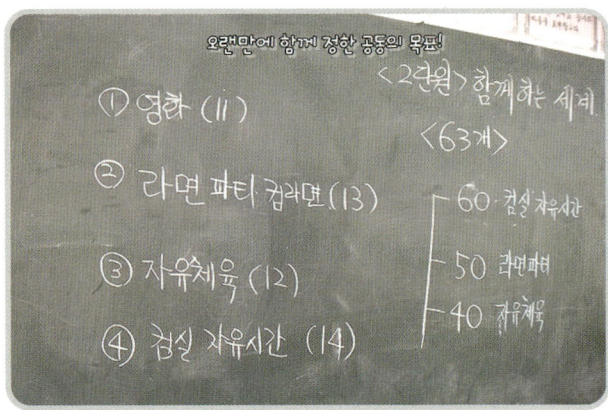

O5 반 전체 학생들을 대상으로 옆 반에 방해를 주지 않고 스피드 퀴즈를 간편하게 진행할 수 있다. 먼저 반 아이들 전체 대표를 한 명 뽑아 교실 앞 의자에 앉도록 한다.

06 설명해야 하는 학생이 플래시툴 화면에 자동으로 나오기 때문에 그 학생 이외에 다른 학생이 설명하면 틀린 것으로 간주한다.
(반대로 반 대표가 나와 혼자서만 화면을 보면서 화면에서 지명한 학생을 일으켜 세워서 설명을 해도 된다.)

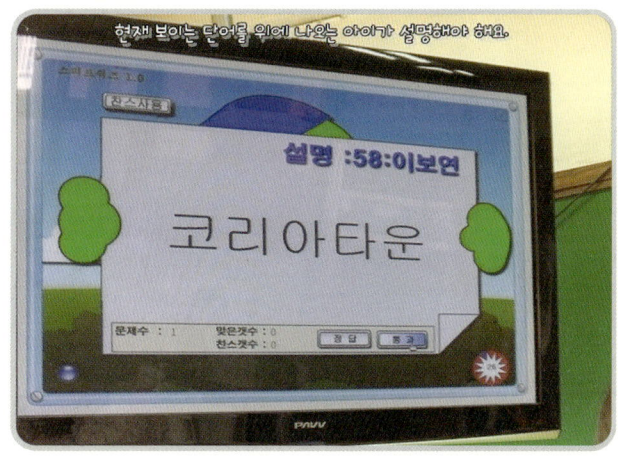

07 찬스 기능을 사용할 수 있다. 스피드 퀴즈 중간에 원하면 위쪽에 있는 찬스를 사용할 수 있다. 다만 찬스를 2번 사용할 경우에는 1문제 틀린 것으로 미리 약속하고 하는 것이 좋다.

- 웹스피드 퀴즈 플래시툴을 활용하면, 겹치지 않게 자동으로 문제가 출제됩니다. 문제를 콤마를 찍어가며 계속해서 내면, 모둠별로 겹치지 않게 문제가 나갑니다.

- 만약 만들어놓은 문제가 다 떨어지게 되면, 모든 문제를 무작위로 다시 섞어 출제할 수 있습니다. 예를 들어 10문제 출제했는데 15문제를 풀게 되는 경우, 10번째 문제까지는 겹치지 않고 한 번씩만 문제가 나오고, 11번째 문제가 시작될 때 10문제를 무작위로 섞어 중복되지 않게 다시 1문제씩 추가되어 출제됩니다.

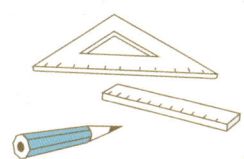

활·동·하·기 **02**

시험공부를 재미있게!
모둠 스피드 퀴즈

- 2009년 11월 20일 2교시 사회 시간에 했던 1단원 모둠 스피드 퀴즈 후 제가 적은 놀이 일기입니다.

> 전체 스피드 퀴즈로 2단원을 총정리 했다면, 1단원 총정리는 '모둠 스피드 퀴즈'로 진행하고 싶었다. 미리 준비한 종이 카드 뭉치를 모둠별로 10장씩 나누어주고, 1단원 사회 교과서에서 시험에 나올 것 같은 가장 중요한 단어를 10개 뽑아 적도록 했다. 그리고 모둠별로 그 자리에 남아있을 아이 한 명을 정했다. "다음 모둠으로 출발." 신호에 맞춰 나머지 세 아이들이 다음 모둠으로 출발하고, 세 아이 중 한 아이는 원래 모둠에서 기다리는 아이가 보여주는 종이 카드를 보며 다른 두 아이에게 그 단어를 설명하도록 했다. 쉬는 시간까지도 아이들은 "계속해요."라며 얼마나 열심히, 그리고 재미있게 하는지 즐거웠다. 신호네 모둠은 네 번의 이동 중에 모두 퍼펙트로 100점씩 400점을 얻었다. 공부의 재미를 느끼는 듯한 환호성! 참 좋다. 시간이 너무 부족해서 결국은 마쳐야 해서 아쉬웠다.

- 모둠 스피드 퀴즈는 협동학습의 '하나 가고 셋 남기' 또는 '셋 남고 하나 가기'와 유사한 구조의 놀이 방법입니다.

- 특히 시험 기간을 앞두고, 공부를 집중적으로 시킬 때 보통은 시험지를 복사해서 풀어보게 하는 경우가 많습니다. 계속된 시험 연습은 그렇잖아도 학원에서까지 이어지는 시험공부에 더해져 학생들이 많은 스트레스를 받게 합니다. 시험공부를 게임하듯 즐겁게 할 수 있는 즐거운 모둠 스피드 퀴즈를 알아볼까요?

모둠 스피드 퀴즈 진행방법

01 모둠별로 종이카드를 10장씩 나누어준다. 모둠별로 A4용지를 2장씩 나누어주고, 각각 4조각으로 잘라 8장의 문제카드를 만들게 해도 좋다.

13장 친구 가르치기의 비밀 '스피드 퀴즈'

활·동·하·기 02

O2 모둠별로 모여 함께 상의하며 단원에서 익혀야 할 가장 중요한 단어를 각 카드에 보드마카나 사인펜으로 적도록 한다.

O3 각 모둠에서 한 명은 작성한 종이카드 뭉치를 가지고 자기 모둠에 남고, 나머지 아이들은 다음 번호의 모둠으로 이동한다. 예를 들면, 1모둠의 2, 3, 4번 학생은 2모둠으로, 2모둠의 2, 3, 4번 학생은 3모둠으로 이동하면 된다.

O4 이동한 아이들은 역할을 나누어 한 명은 그 모둠 아이들이 만든 종이카드를 보고 설명을 한다. 남은 두 아이는 설명을 듣고, 그 단어를 맞혀야 한다.
원래 모둠에 있던 아이는 모둠 아이들이 설명할 때 교과서에서 배운 대로 설명하는지, 설명할 때 종이카드에 있는 단어를 말해버리지는 않는지 지켜본다.

O5 1분 30초의 시간이 지나면 교사의 "그만." 신호와 함께 현재 모둠의 맞힌 개수를 모둠에게 미리 나누어주었던 점수표에 기록한다.

활·동·하·기 02

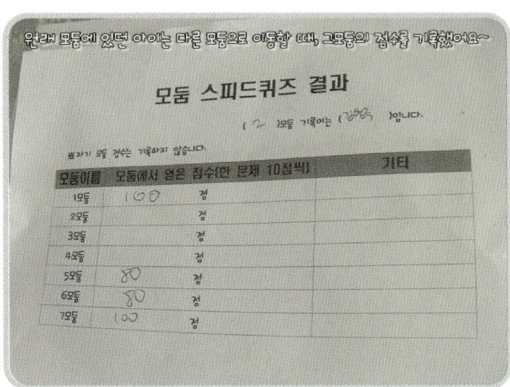

⭐ 아이디어 더하기

- 모둠 스피드 퀴즈의 반응은 뜨겁지만, 모둠에 남아있는 아이는 자기 모둠에서만 있어야 하기 때문에 지칠 수 있다. 이를 보완하기 위해서 다른 모둠으로 이동할 때 같은 모둠 아이 하나와 번갈아 자리를 바꿀 수 있다. 또는 마무리 정리 단계에서 모둠 발표 내용의 핵심을 간추려서 선생님이 정리해줄 필요가 있다.

- 시험을 앞두고 잦은 시험지 풀이에 지친 아이들을 위해 '물레방아 퀴즈'로 진행해도 재미있습니다. 모둠 스피드 퀴즈와 모든 진행과정이 동일하되 문제카드에 주관식 문제와 답을 적으면 됩니다. 그냥 시험지를 풀 때와 달리 놀이를 하는 몰입감에 모두들 즐거워합니다.

스피드 퀴즈 게임 지도 시 유의할 점

● 스피드 퀴즈를 현장에서 진행할 때, 자칫 '재미'로만 치우치다 보면 '학습'은 이루어지지 않게 됩니다. '재미'와 '학습'이라는 두 마리 토끼를 다 잡으려면 이런 점을 유의하며 지도하는 것이 좋습니다.

01 거의 답을 다 말하는 듯한 설명이나 교과에서 공부한 내용과는 전혀 맞지 않는 설명으로 답을 맞히는 경우는 정답으로 인정하지 않아야 놀이뿐 아니라 학습의 역할까지 제대로 하게 됩니다. 예를 들어 간호사란 직업에 대한 설명을 할 때 "의사 말고." 또는 "환자 반대."라고 설명한다면 곤란합니다. 심지어는 "목성"을 "월성, 화성, 수성 다음은?"이라고 설명하는 아이도 있었습니다. ^^;

02 모둠 스피드 퀴즈 결과표에는 단순히 문제를 얼마나 맞혔는가? 하는 것 외에 이동해서 찾아온 모둠 아이들이 함께 협동하며 풀었는가? 아니면 한 명이 문제를 다 풀었는가? 아니면 모둠 간의 의견이 충돌해 협동하지 않았는가를 판단하여 〈모둠 아이들 모두가 협동하며 함께 풀음(◎)〉〈모둠 아이들 중에 한 두 명의 아이에 의해 문제를 풀어냄(○)〉〈모둠 아이들끼리 서로 다투며 갈등을 겪음(△)〉 등으로 협동점수를 따로 부여합니다. 문제를 푼 점수와 별도로 협동하며 풀면 10점의 점수를 주도록 하면, 보다 협동하며 함께 노력하는 모습을 볼 수 있습니다.

모둠 스피드 퀴즈 결과

수업 시작 5분을 잡아라!

14

1박2일보다 재미있는 복불복 '폭탄 게임'

얼마 전 한 여자아이가 근처 학교에서 전학을 왔습니다. 마침 국어 시간, 둘째 마당에서 '면담'에 대해 배운 터라 아이들에게 예의를 갖춰 이 친구에게 면담을 해보자고 했고, 여러 가지 질문이 시작되었습니다. 승호가 "어떤 과목을 좋아하고 어떤 과목을 싫어합니까?"라고 하자 아이는 "음악을 좋아하고 사회를 싫어합니다."라고 대답했습니다. 그러자 승호가 의미심장한 미소로 "흐흠……. 우리 반에 오면 사회를 좋아하게 될 거야."라고 이야기했어요. 그날, 학급 홈페이지에 서연이를 반기는 글을 올려달라고 하자 올라온 글들입니다.

- ★ 전신호: 서연아. 사회를 별로 좋아하지는 않는다고 했지만 너는 곧 좋아하게 될 거야. 왜냐하면 우리 반은 사회 시간을 재밌게 하거든. 잘 걸린 것 같군.
- ★ 송서현: 어쨌든 오늘 자기 소개 중에 사회를 제일 싫어한다 했는데 아마 이번 2학기 다 보내다 보면 사회가 제일 좋은 과목, 제일 재미있는 과목이 될 거야.
- ★ 이재범: 나도 오랜만에 봐 ㅋㅋ 우리 반에 오면 사회가 좋아져 ㅋㅋ 나도 사회 싫었는데 좋아졌어.

사회를 잘 가르치진 못했어도 아이들이 사회를 좋아하도록 도왔다는 점만큼은 잘한 듯싶어 뿌듯했습니다. 아이들이 주도적으로 진행하는 사회 수업을 주로 하고, 별도로 아이들에게 게임을 하는 듯한 몰입감을 주는 '폭탄 게임'과 '몬스터 게임'을 단원 정리 때 많이 활용한 영향이 크지 않나 개인적인 분석을 해보았습니다.

결과를 승복하게 해주는 복불복 게임

- 아이들은 자신이 하는 것이, 혹은 배우는 것이 학습이라고 느끼는 순간 흥미를 잃게 된다고 합니다. 그러나 반대로 같은 학습이라고 해도 놀이의 형태를 취하고 있으면 쉽게 흥미를 느낍니다. 그러므로 게임이라는 이유, 또 자신이 얼마든지 할 수 있다는 단순한 설정은 아이들에게 큰 매력으로 다가옵니다. 물론 거기에는 적당한 승부욕이 작용합니다. 함께 게임하는 아이와 경쟁해서 이겼다는 성취감은 학습의욕을 고취시키고 정서를 발달시키는 데도 중요한 역할을 합니다.

- 그러나 지나친 경쟁심은 게임을 할 때 종종 서로 시기하고 질투하며 다투는 빌미를 제공합니다. 이럴 때는 놀이의 한 요소인 '운'을 중점적으로 활용하는 복불복 게임이 쓸모가 있습니다. 복불복 게임은 결과가 운이었으므로 지나친 승부욕으로 서로 다투지 않고, 결과를 승복할 수 있도록 해줍니다.

- 주로 영어 교과에서 활용하던 복불복 게임이지만, 저작권의 개념이나 특성을 익힐 때도 재미있게 활용될 수 있습니다.

복불복 폭탄 게임

● 복불복 폭탄 게임은 공부를 하면서 게임을 하는 느낌을 주므로 아이들에게 흥미로운 학습 방법이며, 무엇보다 시험을 앞두고 단원 정리를 할 때 효과적입니다. 아이들의 반응은 가히 열광적이라고 할 수 있습니다. 골든벨 게임을 하듯 퀴즈를 풀어가지만, 컴퓨터 게임을 하듯 제시되는 아이템으로 승부를 뒤집을 수 있기에 이기고 있어도 방심할 수 없고, 지고 있어도 낙심하지 않는 재미있는 게임입니다.

 복불복 폭탄 게임 진행방법

01 1모둠부터 차례대로 주어진 'A'에서 'Y'까지의 영어 알파벳 글자 문제 중에서 하나의 글자를 골라 문제를 선택한다. 예를 들어 1모둠이 'A' 문제를 고르면, 교사는 PPT 슬라이드 중에서 'A' 글자를 더블클릭한다.

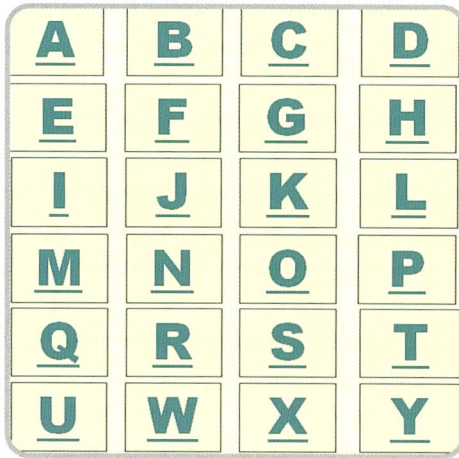
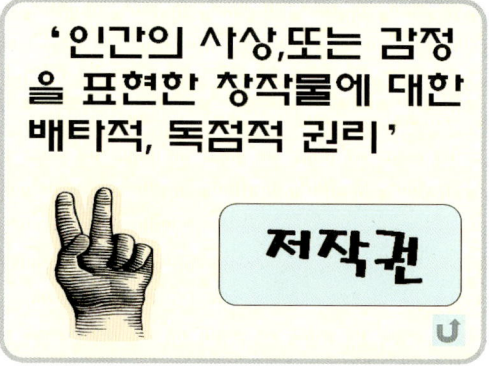

'인간의 사상, 또는 감정을 표현한 창작물에 대한 배타적, 독점적 권리'

02 해당 모둠은 슬라이드의 문제를 보고, 모둠끼리 상의하여 5초 안에 정답을 상의하고 한 목소리로 함께 외쳐 발표한다.

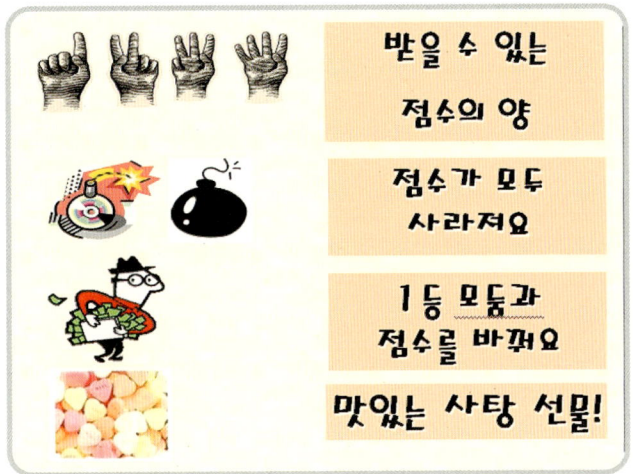

O3 맞으면, 위 그림처럼 다음에 나타나는 아이템대로 점수를 몇 배 받거나 사탕을 받는 등의 보상을 받는다.

O4 틀리면, 다른 모둠에서 정답을 아는 아이들이 모두 일어난다.

O5 교사의 "하나, 둘, 셋!" 신호와 함께 정답을 이야기하고, 이때 맞은 아이들 모둠만 아이들 수만큼 점수를 얻는다.

O6 다음 모둠에서 문제를 선택해 같은 방법으로 진행한다. 모둠 순서대로 문제를 계속 선택하며 진행하다 모든 문제를 풀었을 때 가장 많은 점수를 받은 모둠에게 보상한다.

활·동·하·기 02

아이템을 아이들이 직접 만들어보는 몬스터 게임

[10월 7일 수요일] 몬스터 게임(최승호)

사회 시간에 1단원 정리를 '몬스터 게임'이란 놀이수업으로 했다. 폭탄 게임과 비슷한데 몬스터 게임과 폭탄 게임은 방법이 다르다.

폭탄 게임은 점수를 쌓아두다가 폭탄이 나오면 점수가 모두 사라진다. 그리고 다른 모둠과 점수를 바꾸는 아이템도 있다. 그러나 몬스터 게임은 좀 더 잔인하다. 점수를 쌓는 도중 몬스터가 나왔다. 그러면 다른 모둠의 점수를 가져와 우리 모둠의 점수에 합산시키고 점수를 빼앗긴 모둠은 점수가 0점이 된다.

오늘 꼴찌였던 3모둠이 몬스터가 나와 1등인 6모둠의 점수를 합산시켜 단숨에 대박이 났다. 6모둠은 결국 꼴찌가 되었다.

그렇게 우리 모둠의 경쟁자였던 6모둠이 사라지고 우리 모둠은 2등이 되었다. 폭탄 게임의 규칙과 몬스터 게임의 규칙을 합해 우리들이 정한 방법대로 진행한다니 다음에는 더욱 재미있을 것 같다.

- '몬스터 게임'은 원래 영어 교과 시간에 활용되던 게임을 '인디스쿨'에 도란도란 샘이 소개해주셨고, 단원 정리 때마다 골든벨 대신 활용했던 '폭탄 게임'과 더불어 2학기에 아이들의 폭발적인 관심을 받았습니다. 사실 '몬스터 게임'은 폭탄 게임에 비해 훨씬 도박(?)의 요소가 짙습니다. 폭탄 게임에서는 문제를 풀고 '폭탄 아이템'이 나오면 지금까지 모아놓은 모든 점수가 0점으로 돌아갑니다. '점수 교환(스틸) 아이템'은 다른 모둠을 하나 지정해 서로의 아이템을 서로 바꿀 수 있습니다. 혹시 일등으로 앞서고 있다가 다른 모둠이 점수교환 아이템을 얻어 썼다고 해도 최소한 그 모둠의 적은 점수를 가지게 되는 것입니다. 그런데 '몬스터 아이템'은 시작부터가 위험합니다. 다른 모둠 아이들이 '몬스터 아이템'을 사용하면 우리 모둠의 모든 점수를 다 빼앗겨 모둠 점수가 0점이 되고 그 모둠은 우리 모둠 점수까지도 뺏어 가질 수 있습니다.

몬스터 게임 진행방법

01 한 모둠당 작은 칠판을 한 개씩 나누어 준다.

02 1모둠→2모둠→3모둠… 순으로 한 모둠씩 문제를 푼다. 문제를 선택할 때는 A10, B40의 식으로 문제를 선택한다. 이때 꼭 모둠 아이들끼리 합의를 한 후에 선택하도록 한다.

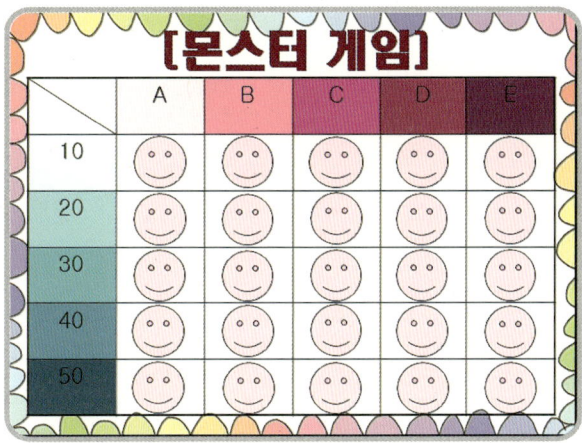

03 문제를 고르고 나면 교사는 그 문제를 클릭하여 학생들에게 읽어준다. 교사가 "하나, 둘, 셋!"을 세면, 문제에 따라 돌아가며 답을 쓸 수 있다. 이때 모둠 아이들끼리 함께 상의는 할 수 있지만, 답은 돌아가면서 써야 한다. 이렇게 모둠 아이들이 돌아가며 쓰게 하면 모둠 아이들 중에 소외되는 아동이 없다.

04 여기서 점수는 정답이 공개된 후 나오는 점수를 얻게 되는데, 10점에서 50점까지의 점수가 있고, 이 점수는 문제의 난이도에 따라서 나눈 것이다. 점수를 따로 제시하지 않고, A10을 선택했다면 10점, B40을 선택했다면 40점을 주는 방법으로 진행할 수도 있다. 다만 이때는 숫자가 높아질수록 난이도 있는 문제를 준비해야 한다.

05 정답 후 한 번 더 클릭했을 때 '점수' 대신 '몬스터'가 나오면 이 정답을 맞힌 모둠이 나머지 모둠 중에 한 모둠을 선택하여 점수를 모두 가져올 수 있다.

- 서로 점수를 뺏는 게임이기 때문에 잘 못하는 모둠도 운이 좋다면(?) 이길 수도 있는 게임입니다. 이렇게 점수를 뺏거나 혹은 적혀 있는 점수를 얻게 되면, 다시 되돌아가기 버튼을 눌러 다음 모둠이 문제를 선택하여 계속 진행합니다.

아이디어 더하기

- 아이들과 몬스터 게임을 했던 날, 아이들이 인터넷 게임을 현실에서 하는 느낌을 받았다며 더욱 많은 아이템을 만들자고 제안했습니다. 아이들과 상의하며 더욱 더 다양한 아이템을 만들게 되었습니다. 그중에는 얼떨결에 다른 모둠이 주는 점수를 받는 경우까지 있어서 더욱 재미있었고, 아이들은 아이들대로 자기들이 만든 아이템이 나오니 더욱 흥미진진하게 참여했습니다. 아이들과 함께 만들었던 아이템들입니다.

★ 한 문제 더 아이템
 – 문제를 풀면 '한 문제 더' 풀 수 있습니다.

★ 원하는 한 모둠에게 점수주기 아이템
 – 문제를 풀었을 때, 나타나는 점수를 원하는 한 모둠에게 주어야 합니다.

★ 꽝 아이템
 – 문제를 풀었지만, 점수는 없는 허무한 아이템입니다.

★ 가위바위보 찬스 아이템
 – 선생님 또는 다른 모둠의 한 아이를 지명해 가위바위보를 해서 이겨야 점수를 얻는 아이템

★ 책보기 찬스 아이템
 – 아이템을 얻으면, 모둠 이름 앞에 포스트잇을 붙여두고 필요할 때 사용할 수 있습니다.

★ 방어 아이템
 – 다른 모둠에서 몬스터 아이템이나 폭탄 아이템을 사용할 때 방어할 수 있습니다. 역시 어려운 문제를 풀었을 때 나올 수 있는 아이템입니다.

더·알·아·보·기

폭탄 게임과 몬스터 게임 지도 시 유의할 점

01 개인별로 게임을 진행하면, 못하는 아이들이 스트레스를 받을 수 있으므로 꼭 모둠별로 함께 풀 수 있도록 약속합니다. 공부를 못하는 아이라 할지라도 모둠 아이들과의 사고의 공유를 통해서 오늘 공부할 내용에 대한 깊은 이해를 할 수 있게 됩니다.

02 폭탄 게임의 기본적인 아이템 외에도 아이들과 상의하여 더욱 다양한 아이템을 넣어 진행하면 더욱 재미있습니다. 아이들은 자기 모둠에서 상의해 만든 아이템이 나오면 더욱 동기유발이 됩니다. 예를 들어 '몬스터 아이템'이 나오면, 다른 한 모둠을 지정하여 그 모둠의 모든 점수를 우리 모둠의 점수에 더할 수도 있습니다. 물론 복불복 게임이기 때문에 학생들은 1등으로 앞서 나가는 것이 마냥 좋지 않다는 것을 알게 됩니다.

03 복불복 게임은 철저히 놀이의 요소 중 '운'에 좌우되는 놀이입니다. 따라서 잘한 모둠은 칭찬해야 하겠지만, 못한 모둠에 대해서는 따로 벌칙 제도를 적용하지 않도록 해서 아무런 부담이나 긴장 없이 즐겁게 참여할 수 있도록 하는 것이 좋습니다.

수업 시작 5분을 잡아라!

15

모두가 참여해 즐거운 골든벨 수업!

골 골든벨 게임은 1999년 처음 KBS 방송을 통해서 방영되다가 최근에는 단원을 정리할 때 활용되기도 하고, 책을 읽은 후 독서 골든벨로 활용되는 등 많은 반향을 일으켰던 놀이수업입니다. 하지만 골든벨 방송을 볼 때마다 의아한 장면이 있었습니다. "왜 교실에서 하는 골든벨은 서로 다투고 시기하고, 똑똑한 몇 명의 아이들만 뿌듯해하며 마치게 되는가?" 하는 것입니다. 텔레비전에서는 탈락한 아이들이 남아있는 아이들을 응원하고 있었습니다. 교실의 아이들도 탈락하면 남아있는 아이들을 응원하게 할 수 있을까요?

차원 높은 사고를 길러주는 골든벨 수업

- 〈도전 골든벨〉은 원래 100명의 패기 넘치는 고등학생들이 50문제에 도전하는 KBS 퀴즈 프로그램입니다. 단 한 명의 아이라도 50문제를 모두 맞출 경우, 골든벨을 울리게 되며 골든벨 명예의 전당에 이름이 새겨지게 됩니다. 단순히 퀴즈 대결에서 일등을 뽑는 데 중점을 두기보다 문제를 푸는 과정에서 나타나는 청소년들의 재치와 생각을 알아보는 프로그램이지요.

- 1999년, KBS 방송을 통해서 처음 〈도전 골든벨〉 방송을 봤을 때, 저는 '아! 이거다'라며 무릎을 쳤습니다. 따분하기만 한 사회과나 과학과의 단원 정리 시에 아이들의 눈길을 끌 최고의 수업이라도 생각했고 제가 했던 방법은 모든 아이들에게 스케치북을 하나씩 사오게 하는 것이었습니다. 결국 서투르기만 한 진행으로 하루 만에 우리 반 45명 아이들의 스케치북이 한 장씩 뜯겨가다 통째로 버려지는 불상사(?)가 생겼습니다.^^;

- 골든벨 수업은 사실 교실에서 얼굴을 맞대고 수업하는 면대면 학습에 비해 정답을 20초에서 30초 정도 충분히 생각하고 적을 수 있기 때문에 기존의 퀴즈 중심 놀이수업에 비해 차원 높은 사고를 길러줄 수 있는 학습 방법입니다. 무엇보다 교사 중심의 일방적인 강의 중심에서 벗어나 학생들을 참여시키는 학습 방법이라 학생들의 선호도도 높습니다.

 # 공동의 목표에 도전하는 칭찬 골든벨

- 교실과 텔레비전의 골든벨에 차이가 있는 한 가지는 바로 '공동의 목표'였습니다. 텔레비전 방송에서 탈락한 아이들은 남아있는 아이들을 응원하고 있었습니다. 그 아이들에게 골든벨은 '학교의 명예'라고 하는 공동의 목표가 걸려 있었던 것입니다. 그때부터 평범하게 문제를 맞히던 골든벨 게임에 '공동의 목표'를 걸기 시작했습니다.

- 투명한 빈 페트병에 눈금을 그리고 구슬을 넣어가며 활용해도 좋고, 플래시 자료('아이스크림' i-scream.co.kr–[커뮤니티]–[자료품앗이]–[즐거운수업도우미])를 활용해도 괜찮습니다. 시작하기 전에 미리 반 아이들 모두가 함께 누릴 수 있는 목표를 정합니다. 예를 들면 '자유체육' '과자파티' '짝꿍 자유선택' 등 비용부담이 없이 모두가 즐기울 '공동의 목표'를 정하면 됩니다.

칭찬 골든벨 플래시툴

- 그리고 플래시툴에서는 오른쪽 이동막대의 [수정] 버튼을 눌러 목표를 입력한 후에 [저장]을 누르면 모든 준비가 끝납니다. 목표치에 구슬이 도달하면 미리 입력한 목표가 크게 나타납니다.

칭찬 골든벨 퀴즈 진행방법

O1 교사는 문제를 불러주고, 학생들은 정답을 골든벨 판에 적는다.

O2 정답을 빨리 적은 학생은 골든벨 판을 뒤집어 다른 친구들이 보고 싶은 유혹이 들지 않도록 한다.

O3 20초가 지난 후, 교사의 "하나, 둘, 셋!" 신호와 함께 골든벨 판을 들어 올린다.

O4 교사가 정답을 발표하면 정답자만 일어난다.

활·동·하·기 01

○5 교사는 그 수를 헤아려서 정답자 수만큼 구슬을 칭찬통 안에 넣는다. 이때 틀려서 앉아있던 학생들은 큰 박수로 정답을 맞힌 아이들을 칭찬하고 격려해준다.

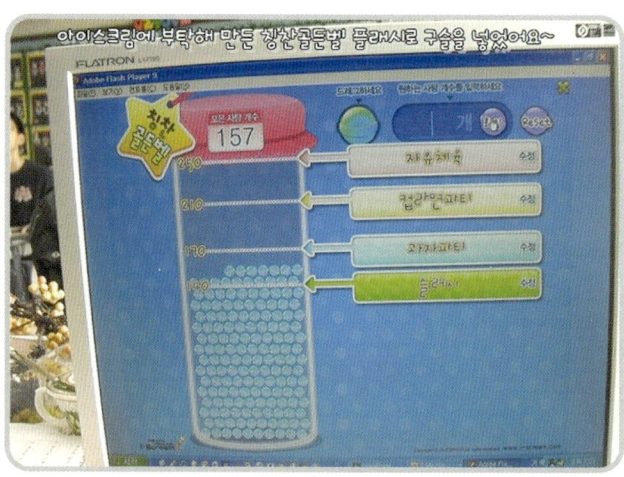

○6 준비한 문제를 다 풀었을 때, 미리 함께 정했던 목표에 도달하면, 모두에게 그 보상을 누리도록 기회를 준다.

아이디어 더하기

- 골든벨 게임을 할 때 제게 가장 큰 고민은 일찌감치 탈락하고 놀고 있는 아이들이었습니다. 10문제마다 준비한 패자부활전으로는 해결되지 않는 고민……. 그래서 그 즈음에 한 업체에 플래시툴 개발을 의뢰했습니다. 그렇게 만들어진 골든벨이 바로 '지워진 칠판 골든벨'('아이스크림' i-scream.co.kr-[커뮤니티]-[자료품앗이]-[즐거운 수업 도우미])입니다.

- '지워진 칠판 골든벨'은 사진처럼 제시되는 문제를 몰라도 오른쪽의 지워진 칠판을 통해서 정답을 유추할 수 있다는 것입니다. 교실에서 골든벨 게임을 시작할 때의 의도는 '재미'가 있으면서도 '학습'의 효과를 거두려는 것이었음에도 불구하고, 많은 경우 문제가 제시될 때마다 탈락하는 아이들을 늘어나고 마지막에는 대부분의 아이들은 "난 역시 머리가 나빠. 쟤는 왜 저렇게 머리가 좋을까?"라며 부정적인 자아상만 가지기 마련입니다. 골든벨 문제를 다 풀었을 때 꼭 한 명이 아니라 열 명이 남으면 어떻습니까? 더 많은 아이들이 "공부하니까 효과가 있네. 역시 공부하길 잘했어!"라고 스스로 뿌듯하게 해줄 수 있다면, 이런 골든벨도 괜찮지 않나요?

같은 폴더에 있는 data.txt 파일을 더블클릭하면 메모장 프로그램이 열립니다.

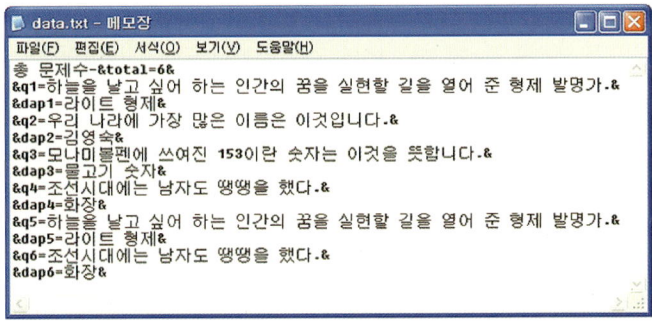

- 총 문제수는 &total= 의 숫자를 수정하고, 미리 준비한 문제와 정답을 입력하여 실행하면 됩니다.

활·동·하·기 02

수업 시작 5분을 잡아라

객관식퀴즈는 스파이더맨 퀴즈로!

- 현장에서 골든벨이나 스피드 퀴즈, 빙고 게임 등 대표적인 놀이수업을 꾸리다보면 오히려 학생들은 객관식 유형보다 주관식에 익숙해져 있지 않나 싶을 때가 있습니다. 객관식퀴즈를 통해 단원을 정리할 때 학생들은 OX퀴즈를 할 때처럼 찍어서 맞출 확률 때문인지 더 자유롭고 적극적으로 수업에 참여했습니다. 대부분의 지필 평가가 객관식 문제임에도 불구하고 수업 중에는 거의 형성평가로 활용되지 않았던 객관식 평가를 퀴즈학습으로 도입하여, 이미 학습을 마친 상황에서 가벼운 마음으로 배운 내용을 정리할 때 쉽게 활용해본다면 어떨까요?

가 손가락 객관식퀴즈

- 자칫 지루한 교과 내용 탐색만 이어지기 쉬운 읽기 시간에 가끔씩 교과서를 읽은 후에 아이들에게 각각 종이쪽지를 두 장씩 나누어줍니다. 교과서 안에서 문제를 2개씩 출제하도록 한 후 쪽지를 모아서 문제를 출제하는데, 학생들이 직접 낸 문제라서 더욱 흥미 있게 참여하는 모습을 보게 됩니다. 문제를 읽고, 교사의 "하나, 둘, 셋" 신호와 함께 손가락으로 정답이라고 생각하는 번호만큼 펼쳐 들게 합니다. 이때 정답을 맞힌 학생들만 일어나서 다음 문제를 풀게 됩니다.

나 플래시 객관식퀴즈툴 '도전퀴즈왕'

- 객관식 문제를 그냥 입으로 불러주기 보다는 연진숙 선생님이 만드신 객관식퀴즈 전용 플래시툴 '도전퀴즈왕'을 활용하면 좋습니다. (다운받기: 인디스쿨–[교육자료]–[YOUN의 자료실])

- 다운로드받은 파일의 압축을 풀고, quiz1.txt 파일을 더블클릭하면 자동으로 메모장이 열립니다. 이때 '='뒤에 있는 문제를 수정하여 사용하면 됩니다.

예를 들어 다음과 같이 수정하면 됩니다.
&문제1= 추석은 음력 몇 월 며칠인가요?
&보기1-1= 8월 초하루
&보기1-2= 8월 10일
&보기1-3= 8월 15일
&보기1-4= 9월 초하루
&정답1=3

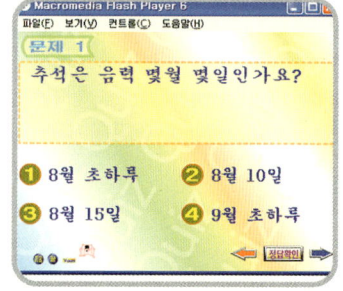

01 도전퀴즈왕.exe 를 실행하여 문제를 낸다.

02 학생들은 자기가 생각한 답을 교사의 "하나, 둘, 셋!" 신호와 함께 손가락으로 표시한다.

03 이때 교사는 [정답 확인] 버튼을 눌러 정답을 제시한다.

04 문제를 맞힌 학생들만 계속 다음 문제에 도전한다. 틀린 학생들은 자기 모둠 아이들 중에서 한 명을 골라 옆에서 상의하며 함께 문제에 도전하도록 한다.

다 스파이더맨 객관식퀴즈

- 객관식퀴즈를 풀 때도 역시 가장 염려되는 부분은 일찍 탈락해서 기회가 없는 아이들을 어떻게 해야 할까 하는 점입니다. 스파이더맨 객관식퀴즈는 수업이 끝날 무렵과 간단한 형성평가를 실시할 때 객관식 문제를 5문항 정도 준비해 활용하면 좋습니다.

01 교사는 준비한 객관식 문제를 불러주고, 모든 학생은 교사의 하나, 둘, 셋에 맞추어 손가락으로 정답을 말한다.

02 맞히면 앉아있고, 틀리면 일어선다.

03 문제를 계속 출제하여 일어선 상태에서 또 틀리면 한 손을 위로 든다.

04 한 문제를 틀려 한 손을 위로 든 상태에서 다음 문제를 또 틀리면, 반대편 손까지 위로 든다. 만약 문제를 맞혔다면 문항의 개수에 따라 전 단계나 그 전 단계 등의 형태로 다양하게 몸을 만들 수 있다.

05 세 문제를 연속으로 틀려서 일어서서 양손을 든 상태에서 또 문제의 답이 틀렸다면, 한쪽 다리를 위로 든다.

06 일어서서 두 팔과 한 다리를 다 들고도 마지막 다섯 번째 문제까지 틀리면 계속 제자리에서 점프를 한다.

활·동·하·기 02

07 가장 자리에 많이 남아있는 모둠에게 학급에 맞는 보상을 한다.

- 동기유발 시 손가락을 사용하여 진행하는 객관식 평가의 장점으로는 채점의 객관성과 신뢰성을 들 수 있고, 비교적 많은 수의 문항을 출제할 수 있으므로 학습내용을 포괄적으로 평가할 수 있습니다. 그리고 채점과 평가결과의 통계적 처리도 가능합니다. 그러나 단점은 정답을 전혀 모르고서도 추측하여 응답할 수 있다는 점과 고차적인 사고능력을 측정하기보다는 단편적인 지식을 측정하는 문항이 되기 쉽다는 것이지요. 어느 한 가지 방식에 편중하기보다는 두 가지 방식을 알맞게 조화시켜 사용하는 것이 바람직합니다. 이런 점을 고려하면서 교실 수업에서 객관식퀴즈를 잘 적용하면 좋겠습니다.

더·알·아·보·기

다양한 골든벨 판 아이디어

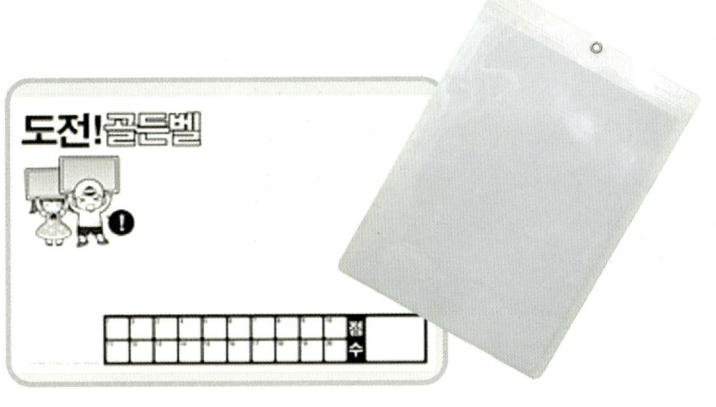

- 골든벨 판은 도전골든벨.hwp 파일을 출력해서 코팅하는 것보다 '경질봉투'라는 투명 비닐에 담아 활용하는 것이 좋습니다.

- 정답을 적을 때는 마카와 마카지우개를 활용하면 좋고, 간단하게 화장지나 화장 퍼프를 활용하면 됩니다.

- 문제를 맞힐 때마다 그 문제의 번호 아래에 O표나 X표를 표시할 수 있습니다. 중간에 탈락하지 않으므로 모두들 마지막까지 긴장감을 가지고 즐길 수 있습니다. 그냥 진행하는 것보다 문제를 맞히면 의자에 그대로 앉아있고, 틀릴 경우에는 자기 의자에서 내려가 바닥에 앉아 문제를 풀도록 진행해보세요. 그러다가 두 문제를 연속해서 맞힐 경우, 다시 자리에 앉도록 도전의식을 심어주면, 더욱 열심히 게임에 임하게 됩니다.

더·알·아·보·기

- 모둠용으로 제작할 때에는 아크릴판을 준비하고, 뒷면에 고무 자석을 일자로 양쪽에 붙여 활용하는 것이 좋습니다. 필요할 때, 자기 모둠의 의견을 정리하여 발표하고, 협동학습의 '칠판 나누기' 구조로 칠판에 붙여 다른 모둠의 의견도 살펴볼 수 있어서 좋습니다.

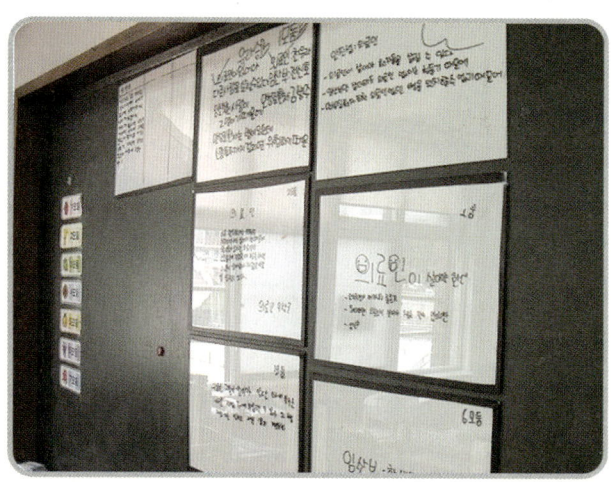

수업 시작 5분을 잡아라!

16

공부의 신 열공비법!

[답답해요] 내 지도법에 문제인지 아이들이 문제인지

아휴~~ 정말 올해 넘 끔찍하네요….
3학년만 5년째~~ 한 해 힘들고 한 해 넘 좋고 그렇게 약간의 파도타기는 있었지만 올해가 정말 사상 최악입니다.
올해 아이들을 어케 지도해야 할지….
작년까지만 해도 아이들 단원 끝나면 단원평가하고 평가지 풀면서 다시 한 번 요점정리 해주고 넘어가도 어느 정도 성적은 나오던데….
올해는 매시간 끝날 때마다 쪽지시험 보고 모르는 아이들은 보충지도 시키고 그래도 성적이 바닥을 기네용….
하긴 독서퀴즈대회 한다고 한 달 반 전부터 제가 문제 찍어주면서 해줬는데도 울반이 전체 꼴등 먹었어요. 퀴즈문제 보니 한 문제 빼고는 제가 2~3번은 강조했던 찍어준 문제였던데… 어케 최고점이 72점~~ 바닥은 40점~~
제 지도법이 이 아이들에게 맞지 않는 것인지 아니면 올 아이들에게 문제가 있는 건지….
교사가 있든 없든 떠드는 것에는 전교 1등이긴 합니다. ㅜㅜ 수업시간에도 제가 수업을 하는데도 자기들 하고픈 말은 다 해요…. 아무리 잡으려고 해도 1시간을 못 넘기네용…. 철딱서니가 없긴한데….
올 한 해 정말 빨리 가버렸음 싶어요… ㅜㅜ
도학력평가는 다가오는데 아이들 시험공부 시킬 기운이 안 남네용…. 가르쳐도 가르쳐도 뒤돌아서면 다 까먹어버리니….

시험이 끝나고 나서 교사커뮤니티인 '작은 꿈을 담는 그릇' 카페의 익명 게시판에 올라온 글입니다. 많은 초임 교사들이 재미있게 수업을 하고서도 학생들의 시험 성적이 좋지 않아 이런 고민을 하고 있는 것을 종종 보게 됩니다.

과연 선생님의 지도 방법에 문제가 있는 것일까요? 아니면 수업에 집중하지 않는 아이들에게 문제가 있는 것일까요? 선생님은 누구의 탓이라고 생각하시나요?

학생들의 성적이 좋지 않은 경우는 결국 '에빙하우스의 망각곡선'과 관련되어 있습니다. 인간의 두뇌는 20분만 지나면 58퍼센트, 한 시간만 지나면 44퍼센트, 절반도 기억하지 못하게 되어 있습니다. 뇌의 망각곡선의 비밀을 이용하면 효과적인 복습과 학습의 시기도 결정할 수 있습니다. 그 비밀을 알고 일 년 동안 지속적으로 실천하면, 학생들의 성적도 오르게 되어 있습니다.

그렇게 열심히 동기유발 자료를 준비하고, 아이들이 재미있게 따라왔는데도 결과가 좋지 않다면 원인은 하나! 아이들이 '스스로 공부'하는 비밀을 아직 실천하지 못해서입니다. 6학년을 지도하며 학년 평균 83점일 때, 우리 반 평균은 91점이었습니다. 물론 전체적으로 고른 학습능력을 가진 아이들이 많은 이유도 크지만, 전 매일 쓰게 했던 복습공책의 힘도 크게 작용했다고 믿습니다. 재미있게 동기유발을 시켜 공부한 부분과 별도로 혼자 공부한 부분이 모두 학생들의 것이 되도록 돕는 방법들을 우린 찾아야 합니다.

전·개·하·기

# 에빙하우스의 망각곡선

- 인간의 망각과 기억을 연구하였던 학습심리학의 대가인 독일의 에빙하우스(Hermann Ebbinghaus 1850~1909)는 인간의 '망각곡선'을 발견하였는데 이는 진정 획기적인 업적이었습니다. 에빙하우스는 실험을 통해 구체적으로 인간의 망각 성향을 증명하였습니다. 이는 곧 인간의 기억 특성에 대한 발견이라고도 할 수 있는데 그에 따르면 사람은 학습한지 몇 분이 지나면서부터 망각이 시작돼 20분 후에는 42퍼센트의 기억이 사라지고, 한 시간 후엔 56퍼센트 이상을 잊게 되며, 하루가 지나면 66퍼센트, 1주일 후에는 75퍼센트, 한 달 후에는 80~90퍼센트 이상을 잊어버리게 된다고 했습니다. 또한 그는 새로운 단어가 영구기억 단계로 가기 위해서는 특별한 자극이 없는 경우 각기 다른 상황에서 15회 정도의 반복이 이루어져야한다는 것도 검증하였습니다.

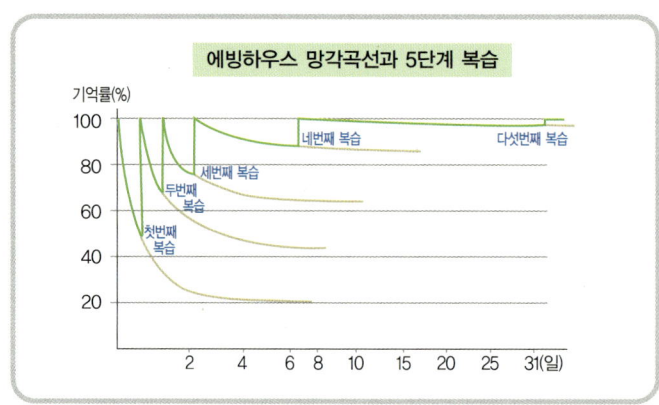

- 에빙하우스는 전혀 새로운 내용을 외운지 1시간이 지나면 절반 이상 잊기 시작하므로 이때 다시 외우면 하루 동안 기억이 지속되고, 하루 후 다시 외우면 일주일 동안, 일주일 후에 다시 외우면 한 달, 한 달 후에 다시 외우면 6개월 정도 지속되며 이때부터는 장기기억상태로 돌입해서 6개월이나 1년에 한 번씩 슬쩍 봐주기만 해도 영구기억 상태가 된다고 했습니다.

- 결국, 무작정 노력만 하는 것 외에는 공부 잘하는 왕도가 없다고 했던 '학습'에서 왕도가 발견된 것입니다. '학습'이란 바꾸어 말하면 배운 것을 망각하지 않으려는 인간의 노력이라고 말할 수 있습니다.

- **잊기 전에 가능한 한 빠른 시간에 반복하여 망각을 최소화하는 것이 배운 것을 잊지 않는 최선의 방도이자 최고의 방법인 것입니다.**

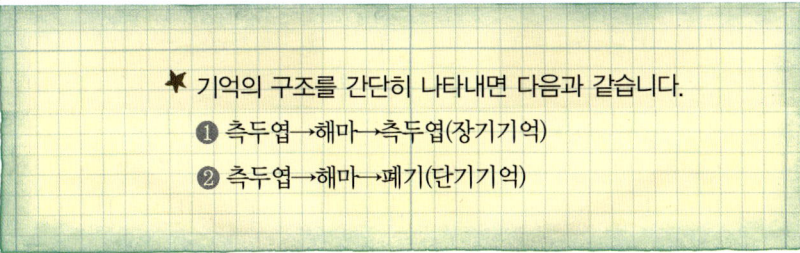

- 학생들이 수업시간에 접하는 새로운 정보는 뇌의 측두엽(언어와 개념적 사고, 연상을 담당)에서 해마로 보내집니다. 이곳에서 정보를 임시 보존하는데, 정보를 일시적으로 기억할지, 장기간 기억할지 분류작업을 하기 위해서입니다.

- 복습은 결국 해마를 설득시키는 과정으로, 같은 내용을 반복하면 해마는 생존에 중요한 정보라고 생각하고 단기기억을 장기기억으로 바꾸게 됩니다. 이때 기억해야 할 것은 아무리 늦은 복습이라도 한 달 안에 해야 한다는 것입니다. 해마에 정보가 머무르는 기간은 아무리 길어도 1개월 이내이기 때문입니다.

활·동·하·기 01

성적이 오르도록 돕는 공책 정리 방법

- 수업시간에 공책 필기를 잘 한다는 것은 다시 말해 "수업을 집중해서 들었다"는 뜻이 됩니다. 공부를 잘하는 학생들의 공통점은 모두 학교 수업내용을 꼼꼼하게 필기한다는 사실입니다. 수업 중에 필기하면서 손을 움직이다 보니 뇌가 자극돼 학습 능률이 높아지고, 자연스럽게 집중력도 좋아지게 됩니다. 공부하는 학생이라면 누구나 하는 게 공책 필기지만, 성적이 오르는 공책 필기는 뭔가 다릅니다. 공책 필기도 일종의 공부법이기 때문입니다. 무엇보다 무조건 필기하는 것보다 필기하기 전 공부할 내용을 충분히 숙지해야 합니다. 그래야 무엇이 중요하고 덜 중요한지 알 수 있고, 필기할 비중도 아이 스스로 정할 수 있게 됩니다.

가 칸칸칸 코넬 공책 활용하기

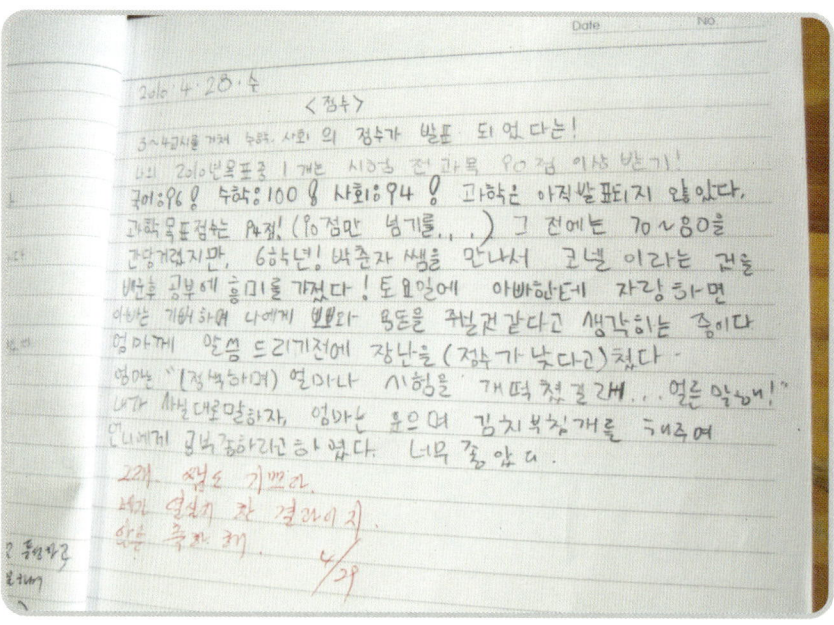

- 이 공책 정리 방법은 1950년 코넬대학의 월트 폴우크(Walter Paulk) 교육학 교수에 의해서 개발된 방법입니다. 그 당시 베스트셀러가 되었던 책 〈대학교에서 공부하는 방법〉을 통해서 사람들에게 알려지기 시작했습니다. 오늘날까지 대학교의 많은 학생에게 인기를 얻은 방법 중에 하나입니다.

활·동·하·기 01

16장 공부의 신 열공비법!

코넬 공책 정리

20   년   월   일   요일

오늘 공부한 내용을 정리해봅시다.
- ★ 과목명:
- ★ 단원명:

핵심단어	내 용 정 리

요 약

활·동·하·기 01

수업 시작 5분을 잡아라

6-2 사회	1.2 나랏일을 맡아 하는 기관들(국회)	교과서	사회: 22~28
학습주제	국회의원의 선출과 국회에서 하는 일 조사하기		

[핵심단어]
국회, 국회의원
정기국회,
임시국회
임기,
선출방법,
특권

[내용 정리]
● 국회: 국민의 대표로 각 지역에서 뽑힌 국회의원들이 모여서 국가의 중요한 일들을 결정하는 곳
● 국회의원이 하는 일
  • 입법에 관한 일: 헌법 개정 제안·의결, 법률 제정·개정, 조약 체결 동의
  • 재정에 관한 일: 예산안 심의·의결, 결산 심사
  • 일반 국정에 관한 일: 국정 감사·조사, 대통령 결정에 대한 동의권
● 국회의원의 특권: 불체포 특권과 면책 특권

[요약]
국회는 각 지역에서 뽑은 국회의원들이 모여 국가의 중요한 일들을 결정하는 곳으로, 국회의원은 입법에 관한 일, 재정에 관한 일, 일반 국정에 관한 일을 한다.

- 처음 코넬 공책 정리 방법을 익힐 때에는 정해진 양식을 주고 교과서 내용을 요약해보게 합니다. 익숙해지면, 간단히 공책에 줄긋기만으로도 쓸 수 있습니다. 공책의 왼쪽 부분에 4cm 정도 수직선을 그은 뒤(밑에서 3cm 정도는 수직선을 그리지 않고 남겨놓습니다) 왼쪽에는 '핵심단어'라고 쓰고 오른쪽에는 '내용 정리'라고 적습니다. 밑에서 3cm 정도 윗부분에 수평선을 그은 뒤 밑에 생긴 칸에 '요약'이라고 씁니다. 각 칸에 다음과 같은 내용으로 정리합니다.

- 수업시간에 선생님께서 칠판에 적거나 자세히 설명해주는 부분은 '내용 정리' 칸에 적고 매우 중요하게 다루어진 핵심단어를 중심으로 '핵심단어' 칸에 기록합니다. 수업이 끝나면 수업내용에 대해 전체적으로 요약해서 '요약' 칸에 적습니다.

- 코넬 공책 정리 방법은 깔끔하고 보기에도 좋고 쉽게 알아 볼 수 있어 완벽에 가까운 공책 정리법이라 하겠습니다.

가 코넬 공책 정리 방법

01 수업시간에 가장 중요하다고 생각되는 중요한 문장을 공책에 요약해서 적는다.

02 수업시간이 끝나면, 적어놓은 수업내용 중 핵심이 되는 단어들만 왼쪽에 다시 옮겨 적는다. 간략하게 뜻이 전달되도록 한다.

03 공책의 하단 '요약' 칸에 자신의 생각을 반영하여 가장 중요한 문장이나 공부하고 난 느낌이나 생각을 적는다.

04 복습한다.

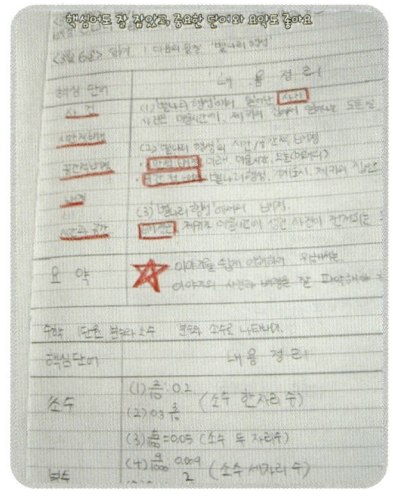

나 마인드맵 공책 정리

- 마인드맵은 생각을 구조화하는데 도움이 되는 기법이 연구 개발되어온 것으로 방사형 사고구조를 키우고 창의력을 높여줄 수 있습니다. 학생들이 필기해놓은 공책을 보면, 논리적, 직선적 사고가 그대로 드러납니다. 번호와 알파벳에 맞춰 논리적인 순서대로 배열된 내용은 보기에 그럴듯해 보일지 모르지만, 상상력 부족과 대안의 무시라는 직선적 사고의 한계를 넘어설 수 없는 법이지요. 이는 선생님의 수업을 주입식으로 받아 적을 때에는 큰 문제가 아닐지 모르지만, 내가 문제를 만나 스스로 생각을 만들어내야 하는 상황에서는 커다란 걸림돌이 됩니다. 직선적인 사고만 한다면 새로운 아이디어를 떠올리기 쉽지 않고, 이른바 큰 그림(the big picture)을 볼 수가 없습니다. 큰 그림은 늘 방사형 구조로 되어 있기 때문입니다.

- 그런 점에서 토니 부잔(Tony Buzan)이 대중화한 마인드맵(Mind Map)은 전통적인 필기의 한계를 극복하는 좋은 대안이 될 수 있습니다. 마인드맵은 하나의 중심 개념에서 시작해 생각이 사방으로 가지를 치듯 퍼져 나가는 방식이기에 방사형 사고를 자유롭게 표현할 수 있다는 점에서 매력적입니다.

- 마인드맵을 학습내용 정리에 사용하면 정보들 간의 논리적 구조화와 함께 기억력을 강화시킬 수 있는데, 많은 교실에서는 그 효용성은 알지만 실제로 사용하지는 않습니다. 마인드맵이 생각이나 아이디어를 내기 위해 주로 활용되던 기법이다 보니 학습내용을 정리할 때는 어떻게 해야 할지 잘 모르기 때문입니다.

- 마인드맵을 공책 정리에 활용하기 위해서는 먼저 학습내용의 핵심어를 잘 뽑아낼 수 있어야 합니다. 그러

기 위해서는 무조건 마인드맵을 그리게 하기보다 3회 정도 학습내용을 복습하며, 핵심문단→핵심문장→핵심단어로 내용을 압축하는 과정이 먼저 선행되어야 합니다. 그냥 작성하라고 하기보다 다음과 같은 내용을 인쇄해서 복습공책 안쪽에 붙여놓고 참고하도록 하면 좋습니다.

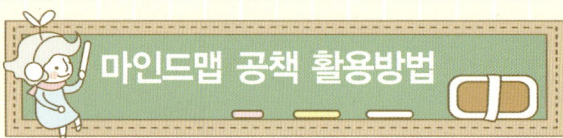

01 준비물: 종이(백지), 색연필, 사인펜, 형광펜 등
 (1) 종이는 가로로 길게 놓고, 마음껏 돌려가면서 쓰세요.
 (2) 마인드맵을 그릴 때 다양한 색을 사용하면 우뇌가 발달하고 상상력이 풍부해집니다.

02 만드는 방법
 (1) 주제 이미지 그리기
  - 중심에 마인드맵의 주제로 나타내려는 이미지를 컬러로 그려 넣음.
  - 핵심 이미지: 가로, 세로 2~3cm 유지
  - 틀을 잡는 것은 좋지 않고, 자유로운 이미지는 기억력을 도움.

 (2) 주요 주제들(주가지)을 생각하기
  - 주제와 관련된 중요 주가지 만들기→한 단어씩(핵심단어)으로 생각→가운데 이미지와 연결하고 색상을 넣으면서 표현 두꺼운 쪽이 중심에 가까운 선 모양으로

 * 주의할 점!
  - 문장이 아닌 핵심단어로 사용해야 창의성이 더욱 신장된다.
  - 선의 길이 = 단어의 길이: 선의 길이가 길면 생각을 단절시킴

 (3) 주 가지와 관련 있는 단어나 이미지를 만들어 나가기
  - 차례를 지킬 필요 없이 생각나는 순으로 주가지 보다 얇은 선, 가는 글씨로 가지 더 연결하기

 (4) 다른 주제들도 완성

- 저 같은 경우는 정유진 선생님의 제자 주미리 어린이의 작품을 예시 자료로 보여주곤 합니다. 아이들에게 많은 도전이 되는 작품과 같은 자료들이지요.

- 마인드맵을 그냥 하기 어려운 아이들을 위해서는 '만득이' 프로그램을 활용하도록 안내합니다.
  다운로드: http://www.mandki.com/contents/download/

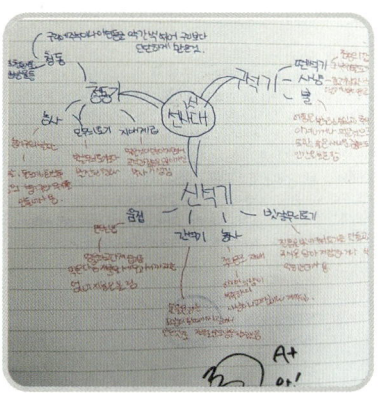 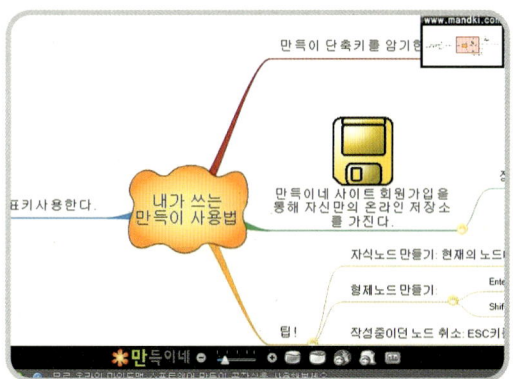

- '만득이네'를 이용하면, 누구나 쉽게 마인드맵을 활용할 수 있지요. 만득이 프로그램을 설치하고 실행하면, INSERT키를 누를 때마다 자식 노드(부가지)가 만들어집니다. 형제 노드를 만들고자 하면 ENTER키를 누르면 되고, SHIFT키와 함께 ENTER키를 누르면, 현재 노드 위로 새 노드가 생성됩니다.

- 아래는 제가 직접 6학년 1학기 첫 사회 시간 수업이 끝나고 아이들 앞에서 정리했던 만득이 마인드맵 화면입니다.

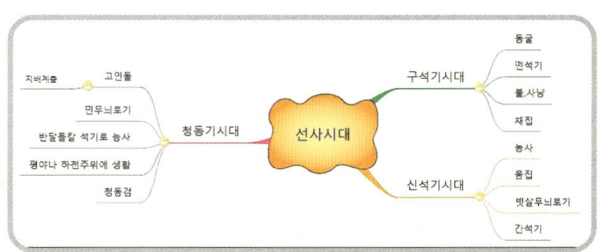

활·동·하·기 01

수업 시작 5분을 잡아라

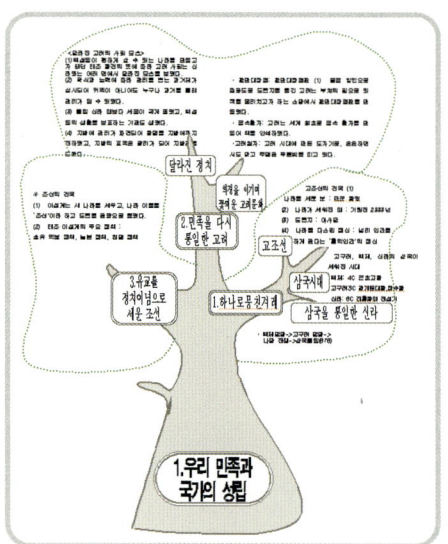

- 2010년에 방영된 인기드라마 〈공부의 신〉에서 심형탁이란 과학교사가 학생들에게 소개해주는 '메모리트리'는 마인드맵을 처음 시작하는 학생들에게 적용하기 쉬운 아이디어라고 생각합니다.

오답공책 정리

- 다른 과목은 몰라도 초등학교에서는 수학만큼은 오답공책을 반드시 만들어야 합니다. 틀린 문제를 대충 넘겨서는 수학 성적을 올릴 수가 없기 때문입니다. 다만 만드는 방식에는 정답이 없습니다. 책에 메모지를 붙여서 오답공책 대신 사용하는 경우도 있고, 틀린 문제만 적는 공책과 그 답을 적는 공책을 따로 만드는 경우도 있습니다.

- 중요한 것은 형식이 아니라 틀린 문제를 따로 정리해서 나중에 다시 풀어보는 노력이기 때문입니다. 그럼에도 불구하고, 오답공책을 만들어 사용할 때 주의해야 할 점이 몇 가지 있습니다.

01 정답의 풀이 과정은 문제와 같은 쪽에 정리하지 않는다.

정답이 보이면, 눈으로 수학문제를 풀게 됩니다. 눈으로 풀어서는 자기 것으로 할 수 없기 때문에 공책을 반으로 접어서 왼쪽에는 틀린 문제를 쓰고, 풀이는 접힌 오른쪽 뒷면에 정리하는 것이 좋습니다. 아예 앞면은 문제를, 뒷면에는 풀이 과정을 정리하게 하는 것도 괜찮습니다. 나중에 다시 문제를 풀어볼 때에는 공책을 반절 접어 풀이 과정을 보지 않고, 무제공책에 풀어보게 합니다. 특히 오답공책은 시험 전에 볼수록 효과가 큽니다.

포스트잇을 활용하는 것도 좋습니다. 틀린 문제의 아래쪽에 포스트잇을 펼쳐 올바른 풀이 과정을 적습니다. 평소에는 포스트잇을 반절 접어 덮어놓고, 문제만 보고 무제공책에 틀린 문제를 다시 풀어봅니다.

02 틀린 이유를 간단하게라도 적도록 한다.

아이가 문제를 자주 틀리는 데에는 이유가 있습니다. 문제를 잘 이해하지 못했거나(독해), 잘 모르는 문제거나(개념), 계산을 실수했을지도(연산) 모릅니다. 이렇게 틀린 이유를 적으면 약점이 사라집니다.

O3 자주 틀리는 문제 5개 이내로만 옮겨 적는다.

수학을 못하는 아이들일수록 틀린 문제가 많습니다. 이런 아이들에게 수학 시험지의 틀린 문제를 다 옮기게 하는 것은 도리어 수학을 포기하게 만드는 것과 다르지 않습니다. 아이들에게 다시 푼다면 풀 수 있는 문제를 3-5개 정도만 옮겨 정리하도록 해야 합니다.

무엇보다 만들기만 하고 만족감에 다시 풀어보지 않는다면 그것은 오답공책이 아님을 명심해야 합니다.

★ 수학 오답공책 ★

문제	
풀이 과정	해답 과정
내가 이 문제를 왜 틀렸는가?	이 문제에서 이것만은 꼭 알아두자!
① 문제를 정확히 안 읽어서 (　　) ② 계산하다 실수를 해서 (　　) ③ 문제를 이해하지 못해서 (　　) ④ 어려운 문제라서 (　　) ⑤ 기타 (　　)	

활·동·하·기 02

복습공책과 학습상자 활용하기

가 복습공책 활용하기

- EBS 〈다큐프라임〉 '삼동초 180일의 기록' 편에 보면, 일본에서 3년 연속 국가성취도 1위를 달성한 작은 도시 아키타현의 이야기가 나옵니다. 아이들이 스스로 '복습공책'을 쓰면서 그날 배운 것을 공부하는 작은 습관이 가장 큰 비밀이었습니다.

- UCLA대학의 필리파 랠리 교수는 사람들이 습관을 들이는데 평균 66일이 걸린다고 했습니다. 3월 초부터 5월 중순까지 집중적으로 집에 오면 '복습공책'을 쓰도록 훈련시켰습니다. 실제로 이런 작은 습관 덕분에 아이들의 평균 성적은 다른 반보다 8점 가까이 높았습니다.

- 수업이 끝나자마자 2분 안에 복습을 하면 하루만에 20퍼센트밖에 기억하지 못하는 기억력이 40퍼센트까지 올라갑니다. 이것을 1단계 복습이라고 합니다. 집에 돌아와서 다시 '복습공책'을 꺼내어 2단계 복습을 하면, 기억은 60퍼센트까지 올라갑니다. 여기에 아이가 집에서 미리 예습을 했다면, 기억은 놀랍게도 80퍼센트까지 올라갑니다.

- 학기 초부터 따로 복습공책을 만들었습니다. 복습공책은 무엇보다 매일, 그리고 꾸준히 하는 것이 생명입니다. 선생님을 더 바쁘게 하겠지만, 매일 짧게라도 댓글을 달아주며 잘한 부분을 칭찬하면 공책 정리의 방법까지 함께 익히게 됩니다.

복습공책 작성 방법

- 가장 먼저 날짜를 쓰고, 교시, 과목, 핵심단어를 정리하게 했습니다. (예: 1교시, 말듣쓰, 묘사…)

- 핵심 포인트는 색깔 있는 펜과 ★ 표시를 합니다. (가장 중요-빨강, 중요-파랑, 새로 알게 된 것-초록)

- 시간별로 간단히 학습일기를 쓰게 하는 것도 좋은 복습공책 정리가 될 수 있습니다. 일기 따로 복습공책 따로 쓰게 하며 아이들에게 큰 부담을 주는 게 염려스럽다면, 다음 날 아침 1교시에 복습공책을 쓰게 하거나 일기장에 학교에서 공부한 내용을 느낀 점과 함께 간단히 정리하는 학습일기를 쓰게 하면 좋습니다. 수업시간에 선생님의 설명을 듣기만 하는 것도 문제가 있고 그저 적기만 하는 것도 문제가 있기 때문입니다. 선생님의 설명을 잘 이해하면서 듣고 그 내용을 자신이 이해한 방식으로 학습일기 형태로 적어놓으면 아이들의 기억력이 훨씬 뛰어나져 있는 것을 느낄 수 있을 것입니다.

나 학습상자 활용하기

- 복습은 주기가 중요합니다. '한 번 종합하여 반복하는 것'보다 '일정시간의 범위에 분산 반복'하는 것이 장기기억에 훨씬 효과적입니다. 학습 후 10분 후부터 망각이 시작되며, 1시간 뒤에는 50퍼센트를, 하루 뒤에는 70퍼센트를, 한 달 뒤에는 80퍼센트를 망각합니다. 10분 후에 복습하면 1일 동안 기억되고, 다시 1일 후 복습하면 1주일 동안, 1주일 후 복습하면 1달 동안, 1달 후 복습하면 6개월 이상 장기기억을 합니다. 따라서 10분 후 복습, 1일 후 복습, 1주일 후 복습, 1달 후 복습이 반드시 필요합니다.

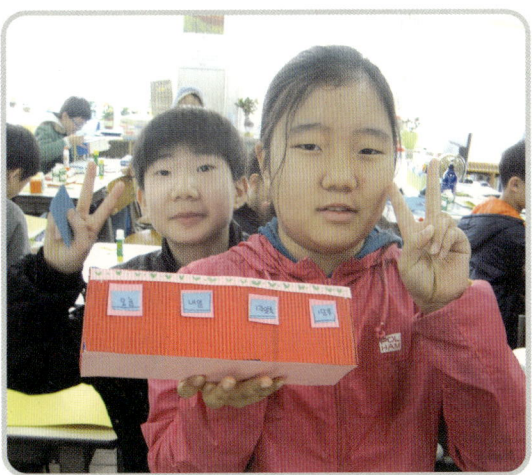

활·동·하·기 02

- 학습상자는 바로 이 스키너의 '강화', 숀다이크의 '긍정적인 사후결과', 에빙하우스의 '기억의 원리'에 의해 '기억하기 좋은 방법'을 위해 적용하여 〈공부의 비결〉이라는 책에서 라이트너가 소개한 방법입니다. 즉, 학습자들이 자발적으로 지속적, 장기적인 학습을 효과적으로 할 수 있도록 돕기 위해 만든 학습 방법입니다.

- 간단히 우유곽을 4개 이어 붙여 만들 수도 있습니다. 종이 카드의 앞쪽에는 '발해의 수도는' 뒤쪽에는 '상경' 등으로 답을 써서 만듭니다. 그날 공부한 내용 중에서 가장 중요한 내용만 카드로 만들어 둡니다.

- 이때 카드에 형광펜으로 자기만의 무늬를 표시하면, 카드의 앞쪽임을 쉽게 알 수 있고 형광펜 색에 따라 어떤 교과의 학습카드인지 쉽게 구분할 수 있어서 좋습니다.

- 작성한 학습카드는 항상 첫 번째 칸에 넣어 두고, 학습 후 10분 뒤 첫 번째 칸에 있는 카드를 빼서 문제에 맞는 정답을 맞히면 두 번째 칸에 넣습니다. 정답을 맞히지 못한 카드는 다시 첫 번째 칸에 넣으면 됩니다. 시간이 흐른 뒤 저녁 때에 15분 이내의 시간을 들여 2단계 복습을 합니다. **긴 시간을 복습할 필요도 없습니다. 15분이면 충분합니다.** 첫 번째 카드의 문제를 풀어내면 두 번째 칸에, 맞히지 못하면 다시 첫 번째 칸에 넣습니다.

- 다음 날, 3단계 복습을 통해 두 번째 카드를 빼서 정답을 맞히면 셋째 칸에 넣고 맞히지 못하면 첫 번째 칸에 돌려 넣습니다. 주말 4단계 복습을 할 때 셋째 칸 카드를 빼서 정답을 맞히면 넷째 칸에 넣고 맞히지 못하면 첫 번째 칸에 넣습니다. 이런 식으로 맞히면 다음 칸으로, 맞히지 못하면 무조건 첫 번째 칸에 카드를 넣으면 매번 성공의 경험이 쌓여 놀이하듯 공부한 내용을 자기 것으로 만들 수 있습니다.

활·동·하·기 02

- 다섯째 칸에 있는 카드들을 한 달 뒤에도 기억하고 있다면 장기기억이 가능한 내용들입니다. 이때는 별도의 상자나 공간에 카드를 모아놓은 후 적당한 때에 꺼내어 가끔씩 확인만 하면 기억을 유지시킬 수 있습니다.

- 학습상자를 만든 주에는 곧바로 집에 가져가지 않고, 교실에 두고 2주일 정도 학습상자를 활용하는 방법을 익히게 하는 것이 좋습니다. 되도록 시험을 앞두고 2주 정도 직접 학습상자의 유용함을 활용하며 깨닫도록 도와야 합니다.

예를 들어 사회 시간에 '고려의 문화'에 대해 배웠다면, 선생님이 다음 쪽의 문서처럼 미리 학습카드를 인쇄해 나누어주고, 잘라 양면으로 문제와 답을 풀칠하게 합니다. 평소에도 짝과 함께 묻고 답하게 하기도 하고, 할리갈리 보드게임처럼 활용하게 합니다.

고려가 부처의 힘으로 몽고의 침략을 막으려는 소망으로 16년간에 걸쳐 만든 것은? 1-(2)-② 역경을 이겨 내며 꽃피운 고려 문화	팔만대장경 1-(2)-② 역경을 이겨 내며 꽃피운 고려
문화독일보다 70년 앞서서 세계에서 가장 먼저 금속 활자로 인쇄한 책으로, 현재 프랑스 국립 도서관에 보관 중인 책은? 1-(2)-② 역경을 이겨 내며 꽃피운 고려 문화	직지심체요절 1-(2)-② 역경을 이겨 내며 꽃피운 고려 문화
〈푸르게 빛나는 옥은 푸른 하늘에 비치네. 한번 보는 내 눈조차 맑아지는 것 같아라.〉 무엇의 아름다움을 표현한 시인가? 1-(2)-② 역경을 이겨 내며 꽃피운 고려 문화	고려청자 1-(2)-② 역경을 이겨 내며 꽃피운 고려 문화
우리나라 목판 인쇄술을 잘 보여주는 팔만대장경은 현재 어디에 보관되고 있는가? 1-(2)-② 역경을 이겨 내며 꽃피운 고려 문화	해인사 1-(2)-② 역경을 이겨 내며 꽃피운 고려 문화

활·동·하·기 02

- 실제로 학습상자는 아이들에게 성공의 경험을 자주 경험하게 해주는 특별한 방법임에는 틀림없지만, 매번 학습카드를 만들어야 하는 번거로움이 있습니다. 그래서 컴퓨터를 활용해 '별이 프로그램'을 활용하거나, 아이폰으로 'gflash pro' 같은 어플을 사용하기도 했습니다. 한 사람이 학습카드를 만들면, 반 아이들이 모두 이용할 수 있겠다 싶어서 야후꾸러기를 만들었던 경험을 바탕으로 다음 회사에 와서 키즈짱을 만들었던 형에게 웹사이트를 만들어주길 부탁했습니다.

- 전직 교사였던 형의 적극적인 도움으로 교사가 직접 플래시카드를 만들면 반 학생들에게 집에서도 하나하나 카드를 넘기며 스스로 맞힌 것은 O표, 틀린 것은 X표하여 틀린 것들만 다시 풀어볼 수 있도록 하는 플래시카드 사이트를 만들게 되었습니다.

키즈스쿨 플래시카드 : http://school.kids.daum.net/flashcard

아이디어 더하기

- 학습효과는 대개 3개월 후부터 나타난다고 합니다. 공책 정리는 선생님의 손이 많이 가지만 쓰기 싫은 순간을 견뎌내는 것이 중요합니다. 시동 걸리는 게 느려서 그렇지 시간이 지날수록 보상해주는 것이 뇌입니다.

- 필기 습관을 세우지 못한 학생이라면 먼저 글씨 쓰는 법부터 점검해야 합니다. 펜을 잘못 쥐거나 글씨 쓰기를 귀찮아해서 남이 알아볼 수 없게 필기를 한다면 추후 중요한 시험에서 답안을 작성할 때도 낭패를 볼 수 있습니다. 때문에 되도록 빨리 글씨체 자체를 바로잡아야 합니다. 수업시간에 즉석에서 체계적인 필기를 할 자신이 없는 경우는 연습장에 일단 받아 적은 다음 수업이 끝난 직후나 방과 후에 본래 노트에 정리하는 것도 좋은 방법입니다. 이는 수업을 복습하는 효과도 냅니다. 아예 낱장을 쉽게 붙였다 뗄 수 있는 공책 한 권만 학교에 가지고 다니면서 필기를 한 후 집에 돌아가 각각의 공책에 붙여넣는 방법도 있습니다. 주의할 것은 필기 정리는 매일 매일, 가능하면 수업이 끝나고 얼마 지나지 않은 시간에 해야 한다는 것입니다. 대충 해놓은 필기가 며칠 밀렸다가는 뒤죽박죽이 돼서 정리를 하려야 할 수가 없게 돼버립니다.

17

수업 시작 5분을 잡아라!

감각적인 PPT파일로 눈길 끌기!

올해 만난 전보람이라는 아이가 4월에 싸이월드 미니홈피에 남긴 글입니다.

> "만년에 만날까 말까한 선생님을 만나게 돼서 정말 좋아요…
> 2010년이 느릿느릿 지나갔으면 좋겠어요.
> 그리고 정말 좋은 선생님을 만나 저는 감격 그 자체예요…
> 선생님수업 정말…좋아서 여름방학 이런거 없었으면 좋겠어요…
> 매일 수업하는 날이 너무 즐거운것 같아요^^
> 특히 우리가 직접 PPT를 만들어 진행하는 사회수업, 너무 좋아요"

PPT로 발표하는 조사탐구 학습은 아이들이 사회를 정말 좋아하게 만들어주었습니다.

파워포인트는 교사들이 인터넷 커뮤니티에서 가장 쉽게 자료를 수정해 활용하는 매체라고 생각합니다. 칠판에 필기하는 시간을 줄일 수 있고, 인터넷을 통해 공유되면 조금씩 수정하여 더 알차게 활용될 수 있지요. 게다가 아이들이 모둠별로 조사해서 발표하면 훨씬 학습력도 신장됩니다.

하지만, 남이 만든 파워포인트를 사용하면서 그냥 읽기만 할 경우는 파워포인트를 사용 안 한 것보다 더 성의없는 수업이 될 수도 있습니다. 파워포인트, 어떻게 하면 정말 좋은 동기유발을 할 수 있는 마법의 지팡이로 쓸 수 있을까요?

동기유발 시 PPT 매체의 장점

- 원래 파워포인트의 정식 명칭은 마이크로소프트(MS) 오피스 파워포인트입니다. 여러 사람 앞에서 자신의 생각을 발표하거나 공동 작업을 할 때 시각적 보조 자료로 활용할 수 있도록 프레젠테이션을 도와주는 소프트웨어입니다.

- 파워포인트의 가장 큰 기능은 프레젠테이션을 위한 자료를 만드는 데 있습니다. 교실에서 수업을 할 때 파워포인트를 이용해 만든 화면을 프로젝션 텔레비전이나 빔 프로젝트를 사용해 스크린에 띄워 사용할 경우, 프레젠테이션의 효과를 높일 수 있습니다. 1997년 MS오피스 시스템을 통해 소개된 이후, XP 오피스 파워포인트를 거쳐 2009년 현재 오피스 2007(파워포인트 2007)까지 나와 있습니다.

- 파워포인트는 제작도 쉽고, 학생 수에 상관없이 정보 전달력이 뛰어나며 편리하게 반복이 가능하다는 장점을 가지고 있습니다. 덕분에 인터넷 교사 커뮤니티에 올려놓은 다른 선생님의 PPT파일을 우리 반 교실 사정에 맞게 수정해서 사용할 수 있어서 더욱 많이 활용되고 있습니다.

활·동·하·기 01

 생각을 바꾸는 프레젠테이션 제작방법

- 한때는 OHP가 모든 교실에서 가장 각광받는 매체로 활용되었던 때가 있었습니다. 하지만 매번 TP용지에 자료를 만들어야 하는 번거로움이 너무 커서 공개수업이 있을 때나 힘들게 만들고, 그 자료는 다시 같은 수업을 하지 않는 초등학교 교실 현실상 버려지곤 했습니다. 하지만, 최근 들어 초고속 인터넷 통신망의 발달과 '인디스쿨'과 같은 교사 커뮤니티가 제 역할을 하면서 한 선생님이 공들여 만드신 PPT 수업 자료가 수많은 교실에서 활용되어 좀 더 준비된 수업을 할 수 있도록 돕고 있습니다.

- 물론 아무런 고민 없이 넙죽 남이 만든 PPT 자료를 클릭만 한다면, 그 역시 큰 문제가 되겠지만, 다른 이의 한번 고민한 선행 자료를 우리 교실 상황에서 맞게 수정하여 개선하고 더 나아가 다시 공유한다면 교육의 질은 얼마나 업그레이드되겠습니까?

- 하지만 교실에서 PPT 자료를 활용할 때 무엇보다 생각을 다시 해볼 부분이 몇 가지 있습니다.

가 교사의 말을 그대로 반복하는 슬라이드는 필요 없다.

- 내뱉은 말을 그대로 반복하는 슬라이드는 필요 없습니다. 예를 들어 '물 부족'에 대해 이야기할 때라면, 물 부족에 대해 증명하는 자료가 담긴 그래프를 보여주면 됩니다. 사람의 뇌는 우뇌와 좌뇌로 나뉘어 있습니다. 교사는 좌뇌와 우뇌를 모두 활용해 학생들을 설득해야 합니다. 프레젠테이션 자료가 논리적인 자료로 좌뇌를 설득한다면, 목소리로, 눈빛으로 우뇌의 '감정'도 움직일 수 있어야 합니다.

나 글보다 그림에 더 많은 신경을 쓴다.

- 가르 레이놀즈의 〈프레젠테이션 젠〉이라는 책을 꼭 읽어보시길 권합니다. 이 책을 보고 파워포인트에 대한 코페르니쿠스적인 발상의 전환을 하게 되었습니다. 그림 우위의 효과라는 말이 있습니다. 단어보다 그림이 기억에 더 오래 남는다는 의미입니다. 중요한 정보에 대한 인식과 기억을 향상시키고 싶다면, 글이나 말보다 사진을 보여주며 약간의 글이나 말을 곁들이는 편이 훨씬 더 강력하고 기억에 오래 남습니다.

다   교실의 형광등은 밝게 켜 둔다.

- 더 효과적인 프레젠테이션을 원한다면 불을 끄지 말고 그대로 밝게 켜두는 것이 낫습니다. 프레젠테이션의 목적은 '설득하기' 입니다. 학생들이 어두운 교실에서 슬라이드 화면에만 집중하고 교사를 보지 못한다면 교사와의 눈빛을 통한 교감은 형성되기 어렵습니다.

- 클리프 앳킨슨은 "누군가의 연설을 들을 때 시각적 단서가 있으면 곧이어 들리는 청각적 신호를 예측해서 강의를 이해하기가 쉬워진다. 시각적 단서라는 것은 입술의 움직임에 국한되지 않는다. 그 사람의 표정 전체가 시각적 단서가 될 수 있다."라고 했습니다. 물론 교실 앞쪽만 약간 어둡게 형광등을 끄는 건 괜찮습니다.

라   슝하고 날아오는 화면 전환 효과는 필요 없다.

- "세련미의 극치는 단순함이다." 레오나르도 다 빈치가 한 말입니다. 형이 IT 업계에서 일하기 때문에 전해 들었습니다. 회사에서의 모든 PPT 발표에서 화면전환 효과나 사운드효과는 사라진 지 오래라고……. 화면 전환 효과에 신경 쓸 동안에 차라리 어떤 이미지와 글을 배치할 지 신경 쓰는데 더 많은 시간을 들여야 합니다.

마   글머리 기호는 되도록 사용하지 않는다.

- 글머리 기호가 많이 나열되면, 학생들은 금방 질려서 싫증을 내게 되어 있습니다. 프레젠테이션에는 1-7-7 법칙이라는 것이 있습니다. 글머리 기호를 사용하지 말라는 것이 아니라 사용하지 않을 수 있다면 되도록 사용하지 말라는 이야기입니다.

    ① 슬라이드 당 한 개의 주제만을 다룰 것
    ② 최대 7줄의 문장만을 넣을 것
    ③ 각 줄당 최대 7개의 단어만 사용할 것

활·동·하·기 02

수업 시작 5분을 잡아라

프레젠테이션의 수정 및 활용

- 아마도 수업을 준비하는 교사들이 가장 PPT파일을 많이 활용하게 되는 경우는 인디스쿨 등의 교사 커뮤니티에서 다른 교사들이 만든 자료를 교실 상황에 맞게 수정해 활용하는 경우일 것입니다. 그런데 종종 수정할 때 몇 가지 어려움을 겪으며 어쩔 줄 몰라 하거나 제 기능을 몰라 손발이 고생하는 경우를 많이 보게 됩니다.

가 글꼴 한꺼번에 바꾸기

- 인터넷에서 다운로드받은 PPT를 실행해보니, 내 컴퓨터에 글꼴이 설치되어 있지 않아서, 글씨체가 화면에 맞게 보이지 않는 경우가 종종 있습니다. 이럴 때 슬라이드마다 열어서 하나하나 차례로 글꼴을 바꾸고 있는 분을 봤습니다. 파워포인트 2007에는 '글꼴 바꾸기'라는 멋진 기능이 있습니다.

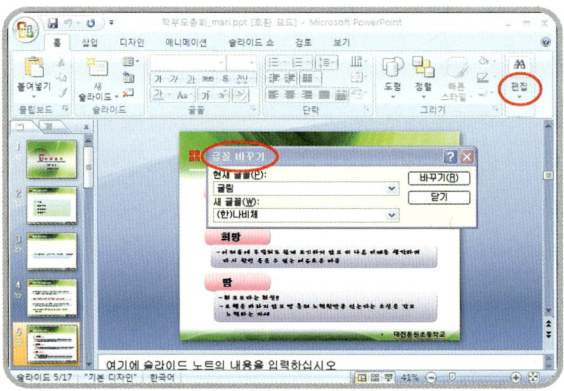

- 홈 탭의 [편집] 기능을 누르면 [바꾸기]가 나타납니다. 여기에서 [글꼴 바꾸기]를 선택하면, 그림처럼 현재의 글꼴을 내 컴퓨터에 설치된 새 글꼴로 한꺼번에 바꿀 수 있습니다.
  혹 아직 2003 버전을 사용하시는 분들은 2003 버전까지는 [서식] → [글꼴 바꾸기]에서 가능합니다.

나 슬라이드 마스터 수정하기

- 인터넷에 올려놓은 PPT 자료 중에서는 슬라이드 마스터에 기본적인 수정을 해놓은 자료가 많습니다. 얼

마 전 학부모 총회 때 여러 선생님들께 인디스쿨에 올라온 PPT 자료를 메신저로 보내드렸는데, 학교 이름을 수정하지 못해 실제로 사용하지 못하고 뒤늦게 내게 여쭤본 분들이 많았습니다.

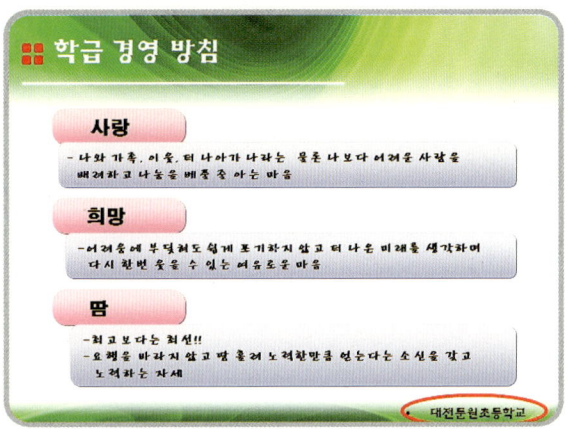

- 아무리 클릭을 하려 해도 마우스로 클릭이 되지 않는 이런 현상은 '슬라이드 마스터' 라는 기능을 몰라서 생긴 상황입니다.

- 우리는 통상 워드 프로세서 등을 이용하여 보고서를 작성할 때 미리 누군가가 잘 만들어놓은 문서파일을 자신의 PC에 복사하고 그것을 바탕으로 내용을 수정하곤 합니다. 이렇게 작업할 경우 우리는 문서의 형식(전체 구조, 단락형식, 글꼴, 글자크기, 표형식, 페이지 설정 등등)을 만들고 조정하는데 걸리는 편집시간을 많이 단축할 수 있으며 또한 이미 누군가가 전체적인 문서의 통일성 등을 고민해서 만들어놓은 문서틀로 작업하였으므로 나중에 인쇄해서 보아도 매우 만족스런 결과를 얻을 수 있습니다.

- 바로 이러한 기능과 관련한 것이 파워포인트 2007에서의 '슬라이드 마스터' 입니다. 슬라이드 마스터는 파워포인트 작업의 기본 작업창이라고 할 수 있는 슬라이드(문서작업용 Sheet)의 레이아웃(기본 틀)을 제어하는 디자인영역을 의미합니다.

- 마스터 슬라이드에 머리글/바닥글 등을 삽입하면 이들이 모든 레이아웃 슬라이드에 반영되어 실제 슬라이드 작업시 영향을 미치게 됩니다. 이렇게 슬라이드 마스터는 파워포인트로 만드는 프레젠테이션 전체를 통일하면서 신속하고 편리하게 작업할 수 있도록 하는 기능으로 슬라이드가 많은 프레젠테이션을 만들 경우 반드시 필요한 기능입니다.

활·동·하·기 02

- 슬라이드를 수정하려면 [보기] 메뉴의 [슬라이드 마스터]를 클릭합니다. 그런 후에 수정하고 싶은 부분을 더블클릭하면 이전과 달리 글자를 수정할 수 있고, 이렇게 수정된 글자는 전체 슬라이드의 모양에 영향을 미치게 됩니다.

다 글꼴 통째로 저장하기

- 사실 '글꼴 바꾸기'의 경우, 파워포인트를 제작한 사람이 저장할 때 글꼴이 설치되어 있지 않은 선생님을 배려해 미리 글꼴을 통째로 저장하면 해결될 일입니다. 집에서 아이들이 작업한 PPT가 교실에서 실행 시 제대로 글꼴이 보이지 않아 당황하는 경우가 비일비재합니다. 이럴 때 '저장 옵션' 기능을 활용해보세요.

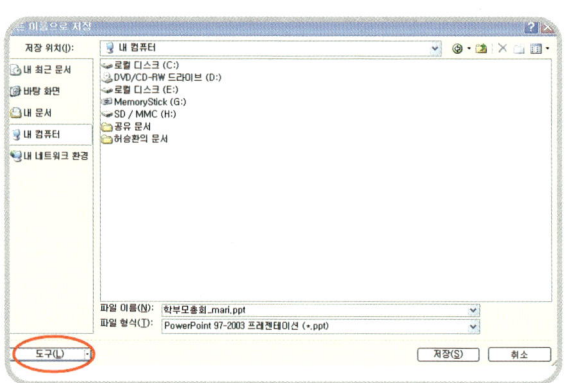

- [다른 이름으로 저장]을 클릭하고, 왼쪽 아래의 [도구]를 선택하여 [저장 옵션]을 클릭합니다.

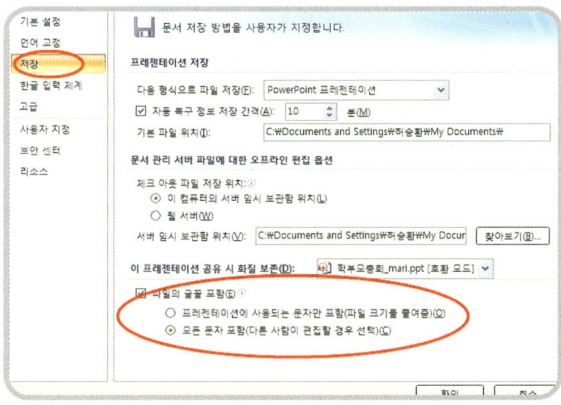

- 아래쪽에 [파일의 글꼴 포함] 버튼을 눌러주고 상황에 맞게 프레젠테이션에 사용되는 문자만 포함, 또는 다른 사람이 편집할 수 있도록 모든 문자 포함 등의 설정을 선택해 [확인]을 눌러주면 됩니다.

라 파워포인트에 플래시 쉽게 삽입하기

- 원래 파워포인트에 동영상 파일을 삽입하는 것은 아주 쉽습니다. [삽입] 메뉴에서 [동영상]을 선택하면 됩니다. 하지만 플래시 파일을 삽입하는 것은 컨트롤 상자를 이용해 어려운 과정을 거쳐야 합니다. 이럴 때는 플래시 파일을 쉽게 삽입하게 해주는 플러그인 'Swiff Point Player'를 이용해보세요.

  01 프로그램 다운로드: http://www.globfx.com/products/swfpoint/
  02 프로그램 사용 방법

  Swiff Point Player 프로그램은 파워포인트 '플러그인' 입니다. 프로그램을 설치하면, 파워포인트 2007의 경우 [ShowRoom] 메뉴에서 [Flash File]을 선택해서 플래시 파일을 찾아 선택하면 삽입됩니다.

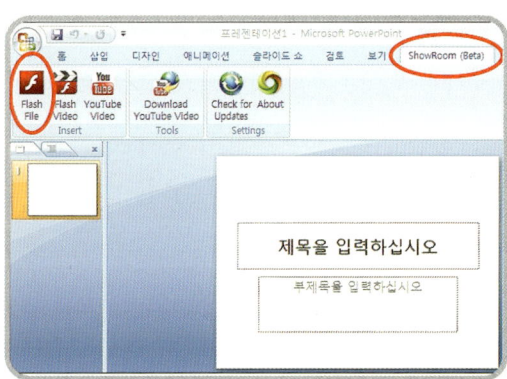

활·동·하·기 02

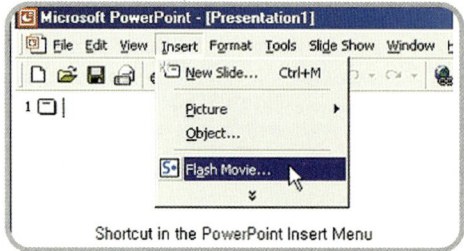

- 파워포인트 2003의 경우에는 [Insert] → [Flash Movie...]를 통해 매우 손쉽게 플래시를 삽입할 수 있게 해줍니다.

마 수업 자료 유인물로 인쇄하기

- 파워포인트에 문제와 정답을 입력해놓은 경우, 또는 학생들이 프레젠테이션을 준비했을 때 교실 앞에서 유인물을 보고 자연스럽게 진행하고자 할 때에는 파워포인트 자료를 모두 인쇄하는 대신 슬라이드 유인물 기능을 활용하면 편리합니다.

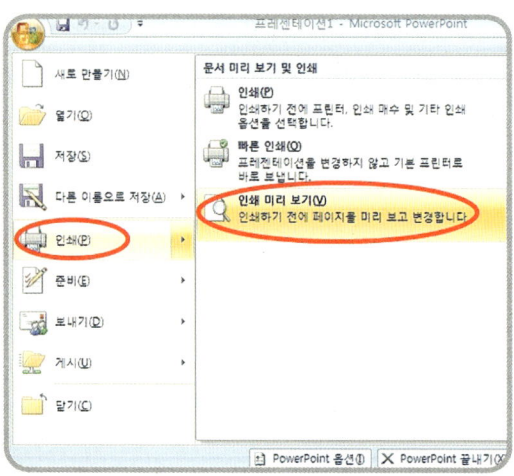
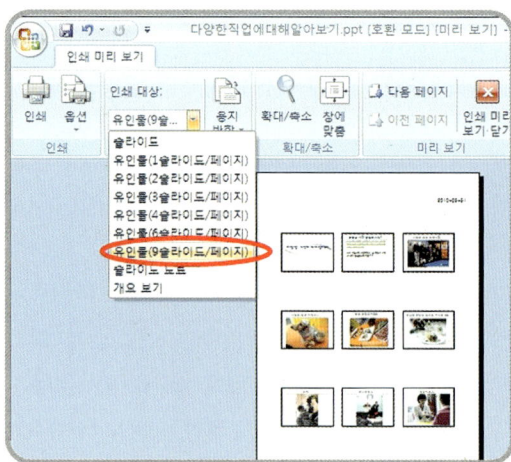

- 먼저 [인쇄] 메뉴의 [인쇄 미리 보기] 버튼을 클릭합니다. 다양한 유인물(슬라이드/페이지) 인쇄 대상 중 9슬라이드나 6슬라이드를 선택하여 인쇄합니다.

전체 슬라이드에 걸쳐 배경음악 실행하기

- 일반적으로 [삽입]-[동영상 및 소리]-[소리 파일]을 선택해 배경음악을 삽입하면, 슬라이드쇼 실행시 다음 장으로 넘어갈 때, 배경음악이 사라지는 문제를 경험하게 됩니다.

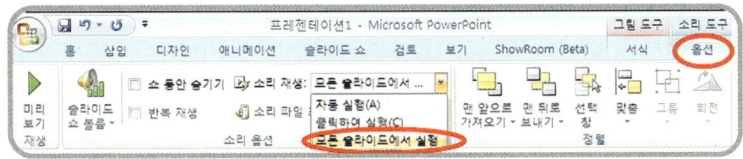

- 파워포인트 2007에서 슬라이드의 스피커 아이콘을 클릭하면 오른쪽 상단에 [소리 도구] 메뉴가 나타납니다. 그 아래 [옵션]을 누른 후 [소리 재생] 항목의 [모든 슬라이드에서 실행]을 선택하면 슬라이드 첫 화면에만 배경음악을 넣어도 모든 슬라이드에서 계속 음악이 실행됩니다.

활·동·하·기 03

실전 프레젠테이션 제작 방법

가 시간을 충분히 고려해 파워포인트를 만든다.

- 실제 수업에 활용하는 파워포인트 제작 시 가장 주의할 점은, 시간을 고려하여 파워포인트의 양을 결정하여 시간에 쫓겨 진행하는 일이 없도록 해야 한다는 점입니다. 이를 위해서 대체적으로 한 슬라이드를 제시하고 설명할 때 2~3분가량이 소요된다는 것을 생각하고 준비하는 것이 바람직합니다.

나 가장 뒤에 앉아있는 아이도 볼 정도로 글씨 크기를 고려한다.

- 학생들 모두가 잘 볼 수 있도록 글자가 적당히 커야 합니다. 글자뿐 아니라 그림이나 표 등이 너무 작아 학생들이 제대로 볼 수 없는 경우가 간혹 있습니다. 일반적으로 글씨의 크기는 최소 40P 이상이 되어야 모든 아이들이 잘 볼 수 있습니다.

다 너무 많은 내용을 담지 않도록 한다.

- 너무 많은 정보는 학생들에게 산만함을 주기 쉽습니다. 따라서 가급적이면 핵심 개념이나 내용 간의 관련성을 중심으로 시각화하도록 해야 합니다.

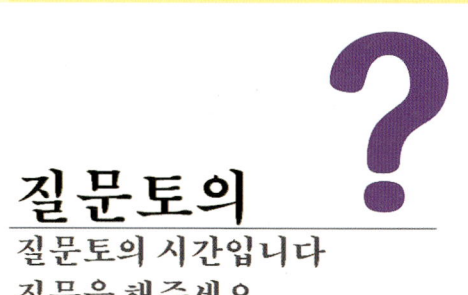

서울영화초등학교 6학년
제자 송서현 제작 PPT

라 발표 전 반드시 미리 슬라이드 쇼를 실행하여 점검한다.

- 파워포인트 발표 시 미리 슬라이드 쇼를 실행하여 잘못된 글자나 빠진 글자가 없도록 점검해야 합니다. 오

자나 탈자는 교사의 수업 준비에 대해 성의가 부족하다고 인식되고, 발표 내용에 대한 신뢰성을 떨어뜨릴 수 있습니다. 그러므로 발표 전에 반드시 작성한 자료를 확인해야 합니다.

마 인터넷 등에서 받은 자료는 반드시 출처를 밝힌다.

- 파워포인트 제작 시 흔히 간과되고 있는 것이 타인의 발표물이나 연구물을 무단으로 사용하는 것입니다. 파워포인트 제작 시에 다른 사람의 발표물이나 연구물을 전체적 또는 부분적으로 사용할 때에는 그 출처를 반드시 밝혀야 합니다.

바 파워포인트 배경은 디자인 서식보다 차시에 맞는 그림으로 준비한다.

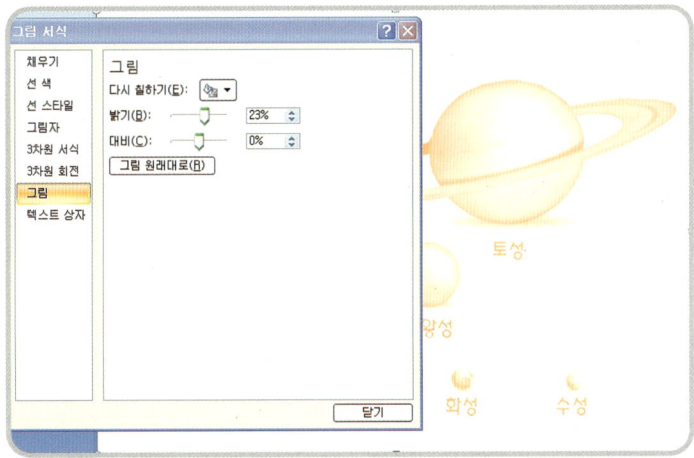

- 파워포인트의 디자인 서식은 배경이 한정되어 있고 수업에 맞는 것을 고르기 쉽지 않습니다. 이럴 때 파워포인트 배경을 수업 차시에 알맞은 그림으로 준비해 삽입하면 좋습니다. 예를 들어 태양계에 대해 수업을 할 경우라면, 태양계나 우주와 관련된 그림을 준비하여 그림을 슬라이드 화면 크기만큼 키웁니다.

- 그림 위에서 오른쪽 버튼을 눌러 [그림 서식]을 선택한 후, 배경을 흐릿하게 설정해주면 됩니다. 이렇게 차시에 맞는 그림은 아이들이 PPT 자료를 보며 무의식 중에 그 차시 내용을 계속 생각하게 해주는 효과가 있습니다.

더·알·아·보·기

아이디어 더하기

가 무료로 공개된 클립아트 활용하기

- '오픈 클립아트 라이브러리(www.openclipart.org)'는 10월 말 기준으로 1만 2347개의 클립아트를 무료로 공개하고 있습니다. 원 저작자를 표기하는 조건으로 누구나 공짜로 내려 받을 수 있습니다. '브렛–웨잇웰렛(www.braithwaritwallets.com)'은 남성용 지갑 디자인 회사인데 홈페이지에서 디자인 소스 파일을 공개하고 있습니다. 역시 원 저작자만 밝히면 상업적 용도로 쓰는 것도 가능합니다.

나 마이크로소프트 오피스 클립아트

- http://office.microsoft.com/ko-kr/clipart/default.aspx

- 마이크로소프트 오피스에 사용할 수 있을 뿐만 아니라 다른 프로그램에서도 활용하기 좋고 또한 주제어로 검색하기 편합니다. 마이크로소프트 오피스 프로그램이 설치되어 있다면 굳이 홈페이지에 들어가지 않고 파워포인트나 워드 등 오피스 프로그램을 실행시켜서 [클립아트 삽입]에서 찾아도 됩니다.

다 파워포인트 프로그램이 없다면 오픈 오피스!

- 아이들이 집에 파워포인트가 없어서 결과물을 만들어오지 못하는 경우가 종종 있습니다. 상용 프로그램인 마이크로소프트 오피스 프로그램 대신 무료 프로그램인 오픈 오피스를 집에서 설치해 작업해오도록 했습니다.

- 오픈 오피스 다운로드:
  http://ko.openoffice.org/ (77MB)

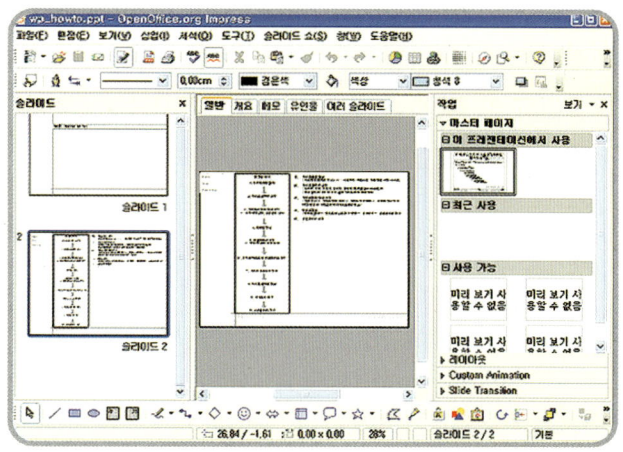

18 플래시툴로 눈 못 떼는 동기유발 하기

수업 시작 5분을 잡아라!

초 초등학교 교실 현장에서 유달리 '티나라' 라는 한 사기업에서 제작한 플래시 자료가 많이 활용되고 있는 이유는 무엇이라고 생각하나요?

제 제 생각엔 플래시 프로그램이 집중시간이 짧은 초등학생의 특성상 더욱 흥미 있고 역동적인 애니메이션과 사운드 효과를 제공해주기 때문입니다. 수업을 준비하는 교사의 입장에서 이러한 플래시 자료를 잘 활용한다면, 지루한 일제식 수업에 흥미를 잃어가던 아이들의 눈빛에 생기를 줄 수 있습니다.

물 물론 이러한 플래시 자료 하나가 수업을 크게 바꿔주는 것은 절대 아닙니다. 하지만, 지원 관리하는 측면에서는 활용도가 크다고 믿습니다. 무엇보다 서툰 대로 만들어진 많은 플래시툴 관련 자료들이 이미 인터넷 공간에서 공유되며 현장 중심으로 더욱 풍성하고 재미있는 수업을 할 수 있도록 도와주고 있기 때문입니다.

플 **플래시툴(Flashtool)은 원래 현장에서 먼저 만들어지기 시작한 플래시 교육 자료를 가리키는 말입니다.** 2001년 '플래시 노래방' 과 간단한 타이머나 발표자 뽑기의 일환으로 만들어지기 시작했으나 최근에는 간단히 메모장으로 텍스트 파일을 수정하기만 하면, 학생들이 수업에 집중할 수 있도록 돕는 동기유발 자료로서의 역할까지 훌륭하게 할 수 있게 되었습니다.

교실에서 플래시가 필요한 이유

- 원래 '플래시'란 벡터 드로잉(Vector Drawing)을 기반으로 한 웹 애니메이션 제작도구였습니다. 1996년 미국의 벤처기업인 퓨처웨이브사에서 개발된 퓨처스플래시가 원조라고 할 수 있지요. 이것은 그동안 인터넷상에서 문제점으로 지적되었던 여러 가지 문제들, 즉 이미지의 해상도를 높이거나 사이즈를 키우면 커지는 이미지 파일을 웹상에 올리기 힘들었던 점을 해결해주었습니다.

- 초등학교 교실에서 플래시가 필요한 이유는 다음과 같습니다.

  01 학생들의 흥미에 맞는 애니메이션을 제작하기 쉽습니다.
  02 하드웨어의 변화가 빠르지 않은 학교 교육환경에 알맞습니다.
  03 활용범위가 광범위합니다.
  ❶ 교육용 홈페이지를 제작할 수 있다.
  ❷ 가상 실험을 할 수 있게 해준다.
  ❸ 학급경영이나 교과수업과 관련해 플래시툴을 제작할 수 있다.

- 이렇게 현장에서 제작된 플래시툴을 수업 시작 때, '동기유발'에 활용하면 굉장한 유익을 가질 수 있습니다.

  01 학생들에게 미리 준비된 교사의 모습을 보여줄 수 있습니다.
  02 컴퓨터 기능이 우수하지 않아도 누구나 텍스트파일이나 이미지만 바꾸면 쉽게 교실에 맞게 수정할 수 있습니다.
  03 만들어진 자료는 새롭게 인터넷 공간을 통해 공유될 수 있습니다.
  초등학생들의 집중력이 약한 특성을 고려한 많은 플래시툴은 주로 교실 앞에 배치된 프로젝션 텔레비전을 통해 활용될 수 있도록 제작되고 있습니다. 대부분의 플래시툴은 바로 클릭하여 실행할 수 있거나 외부파일을 수정해 이용할 수 있습니다.

활·동·하·기 01

TV방송 따라잡기 플래시툴로 동기유발 하기

- 많은 플래시툴의 경우, 텔레비전 방송을 보고 아이디어를 얻어 만드는 경우가 많습니다. 초등학교 학생들의 특성상 집중시간이 짧기 때문에, 빨리 채널을 돌리고 있던 시청자의 눈길을 끌만큼 재미도 있고, 때로는 선정적이기도 한 텔레비전의 장점을 살려 플래시툴을 제작했습니다.

 스펀지 플래시툴 활용하기

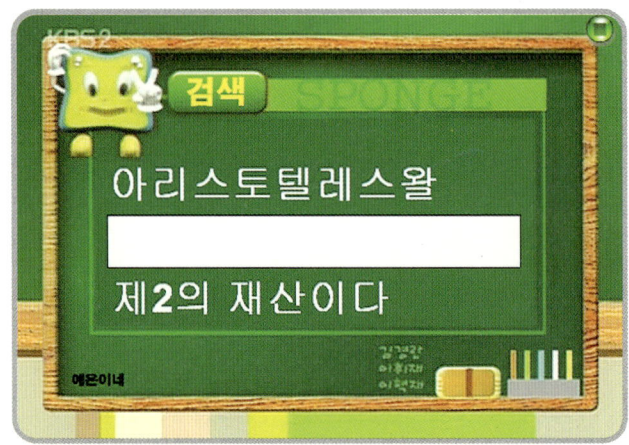

- KBS의 〈스펀지〉 방송을 보고 만든 플래시툴입니다.('예은이네' picture.edumoa.com–[플래시학급경영]) 그냥 맨손으로 수업을 시작할 수도 있습니다만, 학생들은 프로젝션 텔레비전 화면으로 보이는 빈칸이 있는 스펀지 질문에 더 지적 호기심을 일으킵니다. 교사는 열린 마음으로 아이들의 모든 대답(예: 독서, 지혜 등)을 인정하고, 그 생각도 좋지만 실제 아리스토텔레스는 '친구'를 제2의 재산이라고 했다고 정리하면 됩니다.

01 스펀지 플래시툴 폴더를 열어본다.
02 문제를 수정하기 위해 data.txt 파일을 더블클릭한다.

○3 메모장이 열리면, &title1과 &title2에 질문과 풀이 문장, 그리고 마지막으로 &dap= 뒤에 정답을 입력한다.

○4 [파일] 메뉴에서 [저장]을 누르거나, 창닫기 버튼을 누르면 "변경된 내용을 저장하시겠습니까?"라고 묻는다. 이때 "예"를 선택하면 수정한 내용이 저장된다.

○5 sponge.exe 파일을 실행하여 오늘 공부할 내용 중 가장 중요한 문장을 제시한다.

나 맞아맞아 베스트 활용하기

- 텔레비전을 돌리다보니 가장 자주 볼 수 있는 예능 프로그램에서 "길거리에서 1000명에게 물어보았습니다." "연인과 첫 키스를 한 장소는 어디입니까?" 등…… 궁금증을 유발하면서 연예인들이 즐겨 활용하는 랭킹 시스템에 착안하여 만든 플래시툴입니다.

- 직접 풀어보시겠습니까? 초등학교 아이들 144명에게 물어봤습니다. 가장 사귀고 싶은 친구는 어떤 친구입니까?

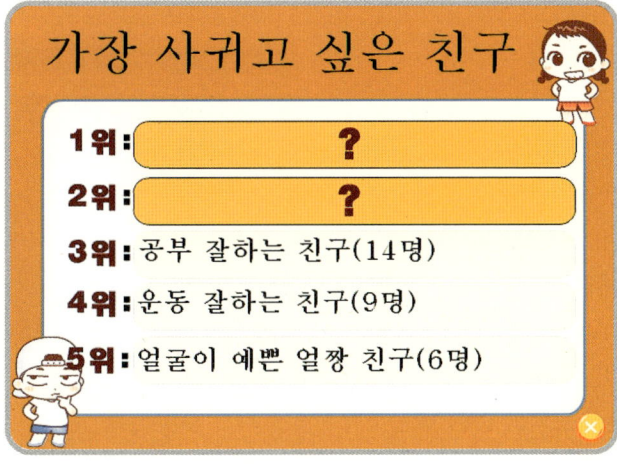

활·동·하·기 01

● 5위까지의 질문을 다 감춰두고 클릭하면 열어 보일 수도 있고, 시간이 부족할 때는 사진처럼 1~2개의 답만 남겨두고 다른 답을 열어 보여줄 수 있습니다. 선생님이 얼마나 순수한지 확인해볼까요? 초등학교 아이들 26명이 대답한 2위는 '유머 있고 재미있는 친구'였고, 1위는 89명이 대답한 '마음이 착한 친구'였습니다. ^^ 돈 많은 친구나 싸움 잘하는 친구가 아니라도 아이들은 충분히 순수했고, 누구라도 좋은 친구가 될 수 있다는 것을 깨닫게 하는 좋은 도입이었습니다.

01 [맞아맞아 베스트5] 폴더를 열어본다.
02 문제를 수정하기 위해 data.txt 파일을 더블클릭한다.
03 &title= 뒤에 주제를 적고, &ans1= , &ans2= , &ans3= , & ans4= , &ans5= 에 들어갈 문장을 차례대로 입력한다.

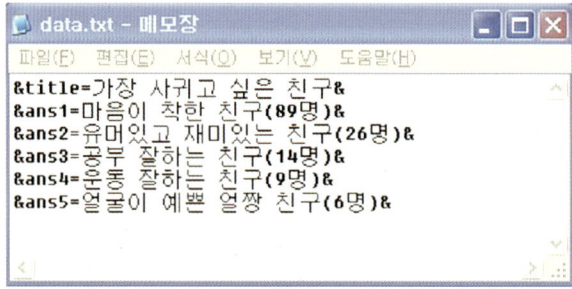

04 [파일] 메뉴에서 [저장]을 누르거나, 창닫기 버튼을 누르면 "변경된 내용을 저장하시겠습니까?"라고 묻는다. 이때 "예"를 선택하면 수정한 내용이 저장된다.
05 맞아맞아.exe 파일을 실행하여 오늘 공부할 내용 중 가장 중요한 문장을 제시한다.

다 아이디어 더하기

● 이천중학교 김정식 선생님이 만드신 '학급투표 프로그램'을 활용하면, 따로 인터넷의 설문조사 결과를 문제로 내지 않고 교실 현장에서 학생들의 의견을 바로 집계할 수 있습니다. ('김정식 허명성의 과학사랑' www.sciencelove.com-[개발자료]-[학급운영]) 2009년 학교 공개수업 때 '역사인물로 대통령 모의선거하기'라는 6학년 사회과 수업을 진행했습니다. 나라를 세운

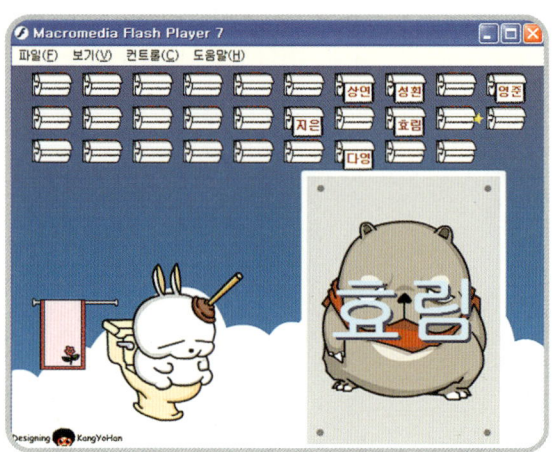

역사인물 중에서 한 사람을 택해 한 모둠씩 선거운동을 했습니다. 그런 후에 마지막에 자기 모둠의 역사인물을 제외한 다른 역사인물 중에서 한 명을 투표하게 했습니다. 교실 앞으로 나와 아무도 모르게 키보드의 번호 중에서 자기가 원하는 역사인물을 클릭하면, 마지막에 긴장을 조성하며 결과가 발표됩니다.

- 역시 김정식 선생님이 제작하신 '인물 월드컵 프로그램'을 활용하면, 간단한 인물 월드컵을 진행할 수 있습니다.('김정식 허명성의 과학사랑' www.sciencelove.com-[개발자료]-[학급운영]) [photo] 폴더에 여러 가지 그림이나 사진 등을 p1.jpg, p2.jpg, p3.jpg…… 순으로 이름을 바꿔 넣어두면, 사진처럼 결과가 나옵니다. [시작하기] 버튼을 누르고, 나타나는 두 명의 아이들 중에 더 많은 아이들이 거수하는 쪽을 클릭해 나가면, 마지막에 우리 반 아이들이 가장 선호하는 인물을 알 수 있습니다. 반 아이들 사진을 넣어두고 틈나는 대로 "우리 반에서 가장 행복해 보이는 사람은?" "먼 훗날, 동창회 때에 가장 성공해서 나타날 것 같은 친구는?" 등으로 질문을 던지면, 마지막에 남는 아이들이 너무도 행복해합니다.

- 꼭 우리 반 사진이 아니라 사회 시간이라면, 역사 인물 그림을 넣어 가장 존경하는 위인을 알아볼 수도 있고, 동물 사진을 넣어 가장 좋아하는 동물 이야기로 수업을 시작할 수도 있습니다.

활·동·하·기 02

# 일부분만 살짝 보여줘요! 게싱홀 게임

- 교사 커뮤니티에 자주 올라오는 글입니다. 컴퓨터의 바탕화면이 검은 색으로 나오고, 마우스를 움직이면 마치 손전등이 지나가는 듯 비춰지는 부분만 사진을 보여주는 게임을 게싱 홀(Guessing Hole) 게임이라고 합니다. 오늘 수업과 관련이 있는 사진을 미리 준비하고 천천히 마우스를 움직이며 궁금증을 유발하기에 아이들도 너무 좋아합니다. ('예은이네' picture.edumoa.com-[플래시학급경영])

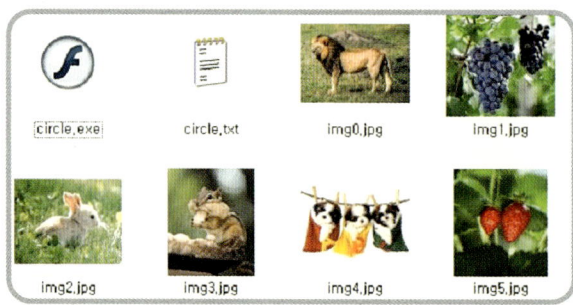

01 먼저 WhoamI 폴더를 연다.

02 circle.txt 파일을 더블클릭하여 메모장을 연다.
'&n=5&'
미리 사진의 개수를 n= 뒤에 입력하고 저장한다.

03 보여줄 사진을 준비하여 img0.jpg, img1.jpg, img2.jpg, img3.jpg…… 순으로 이름을 바꾸어준다. 이름을 바꿔주려면 파일 이름 위에서 오른쪽 마우스 버튼을 눌러 [이름 바꾸기]를 선택한 후, 바꿔주면 된다.

04 circle.exe를 실행하여 마우스를 움직이고, 아이들 입에서 정답이 나올 경우 [정답] 버튼을 클릭하여 전체 사진을 보여준다.

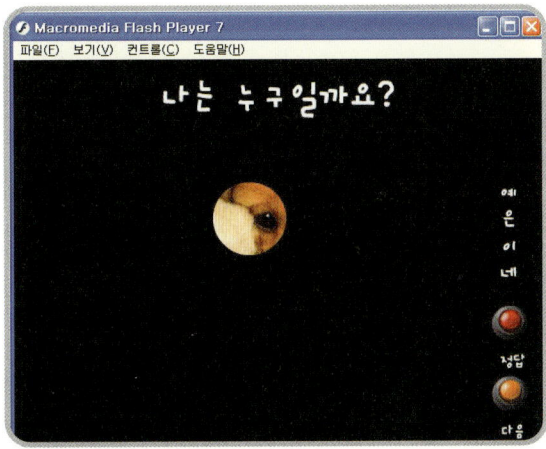

05 다음 버튼을 눌러 차례차례 준비한 사진을 보여준다.

 더·알·아·보·기

아이디어 더하기

 화면확대 유틸리티 활용하기

- 화면확대 프로그램인 프로쇼를 이용해도 간단히 게싱홀 게임을 할 수 있습니다. 먼저 프로쇼 프로그램을 실행합니다.

- 미리 아이들에게 보여줄 사진을 준비합니다. 이제 화면에 사용하기 위해서 화면의 아무 곳에서나 마우스의 오른쪽 버튼을 더블클릭하면 사진처럼 메뉴가 나타납니다.

- 이때 사용하고 싶은 지시키를 선택하여 사용하면 됩니다. 메뉴 바를 지우려면 마우스의 오른쪽 버튼을 한 번 클릭하면 됩니다.

- 마우스 오른쪽 버튼을 더블클릭하여 나타나는 메뉴에서 Clrl 버튼을 선택하면 지금까지 프로쇼 프로그램을 사용한 흔적을 깨끗이 지워줍니다. 프로쇼 프로그램을 사용하지 않으려면 시작메뉴 바에 있는 프로쇼 바에서 오른쪽 마우스를 클릭하여 닫기를 선택하면 됩니다.

- 프로쇼 외에도 뷰포인트, 줌잇 등 다양한 화면 확대 프로그램을 따로 익혀두면 더욱 편리하게 수업에 활용할 수 있습니다.

플래시툴 활용 시 유의할 점

- 플래시 매체의 장점이기도 하지만, 재미있는 애니메이션과 사운드 효과, 배경음악 등은 수업의 도입 시 아이들을 집중시킬 때 큰 힘을 주게 될 것입니다. 하지만, 플래시툴을 활용하려면 아무래도 교사가 교실 컴퓨터 앞에 묶이게 됩니다. 눈과 눈이 마주치며 아이들 곁으로 다가갈 때 수업이 더욱 살아난다고 믿는다면, 자주 사용하기 보다는 가끔씩 사용해야 아이들에게 더 큰 효과를 줄 수 있다는 것을 명심해야 합니다.

- 아울러 힘들여 만든 자료는 아무리 본인 보기에 서투르고 쑥스럽다고 생각하더라도 다음에 좀 더 나은 자료로 만들어지기 위한 선행 자료로서의 가치를 생각해서라도 꼭 교사 커뮤니티에 공유했으면 합니다. 단 100명이 받아가더라도 그 가치는 100명의 선생님이 가르치는 아이들 수만큼 많은 교실에 더 큰 행복을 주게 됩니다.
하지만 이미지 자료를 사용해야 하는 경우는 꼭 저작권 문제가 불거지지 않도록 문제가 없는 사진을 사용했을 경우만 인터넷으로 공유해야 할 것입니다.

수업 시작 5분을 잡아라!

19

UCC 동영상 자료도 척척!

현 현장의 선생님들이 수업을 준비할 때 동기유발을 위해 가장 많이 준비하는 방법은 무엇일까요?

2 2009년 10월 27일, 서울영본초등학교 환경교육 공개수업을 참관하게 되었습니다. 31건의 공개수업 지도안을 하나하나 분석을 해봤습니다. 그 결과는 다음과 같았습니다. 모든 공개수업에 일반화할 수는 없겠지만, 현장의 교사들이 수업 준비를 하며 가장 많이 활용하는 자료는 '동영상' 자료인 것은 분명합니다.

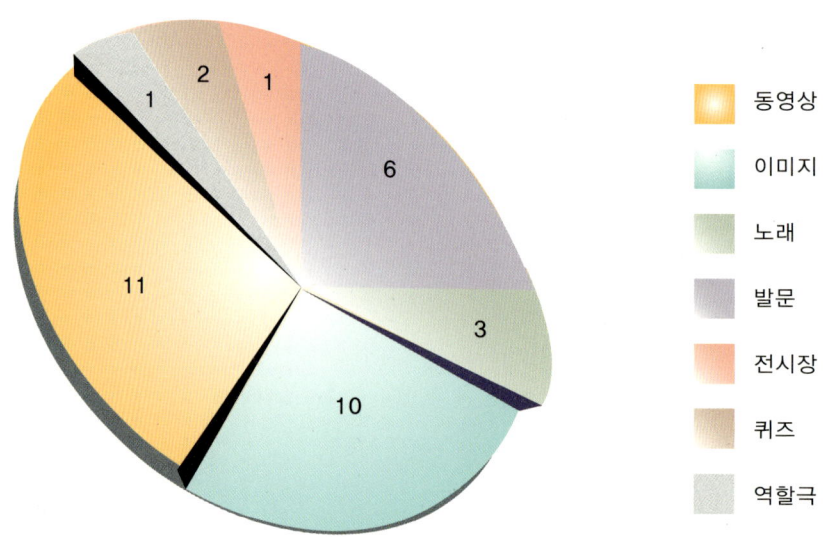

- 동영상
- 이미지
- 노래
- 발문
- 전시장
- 퀴즈
- 역할극

204

동영상 매체의 장점 생각해보기

- 수업 자료로 동영상을 직접 제작하는 부분은 많은 노력이 필요합니다. 직접 제작하는 전문가가 되지 않고서도 인터넷 검색을 통해서 내게 필요한 자료를 찾아내고, 그 자료를 수업 자료로 다운로드받아 활용할 수 있는 능력은 조금만 노력하면 가질 수 있습니다.

- 미리 준비한 좋은 동영상 매체의 장점은 역시 무엇보다 교수-학습활동이 표준화될 수 있다는 점일 것입니다. 좋은 질의 동영상 자료가 하나 준비되면, 수많은 교실에서 비슷한 수준의 교육이 진행될 수 있습니다. 동기유발을 위해서 잘 만들어진 동영상 자료는 이제 막 발령 난 초임 교사의 교실에서도 경륜 많은 선배님들과 비슷한 질적인 교육을 할 수 있도록 도와줍니다. 물론 '동영상 자료가 잘 만들어져야 한다.'는 전제 조건이 붙습니다. 결국 어디선가 구한 자료가 아니라 2차적인 가공을 통해 꼭 필요한 부분만 수업에 적절하게 활용될 수 있도록 교사의 노력이 필요합니다.

- 이 과정만 마치면, 전문적인 동영상 편집 전문가가 아니라도 쉽게 인터넷에서 내 수업에 필요한 동영상 자료를 구하고, 구해온 동영상을 간단히 편집할 수 있게 될 것입니다.

활·동·하·기 01

 UCC 자료 모아 동기유발 하기

- "수업 자료로 활용하기 위해 인터넷의 뉴스 동영상을 다운로드받아 준비하고 싶습니다. 종종 필요할 때에 인터넷 접속 상태가 좋지 않아 제대로 활용하지 못하는 경우도 많습니다. 미리 인터넷의 동영상 자료를 다운로드받아 두고 싶은데 어떻게 하면 좋을까요?"

알쇼(http://altools.co.kr)로 동영상 캡처하기

- 알집이나 알쇼를 만든 알툴즈 홈페이지(http://altools.co.kr)에서 무료로 제공하는 알쇼 프로그램은 간단한 동영상이나 영화의 일부분을 캡처하여 아이들에게 교육 자료로 제시하려 할 때 사용하기가 편리합니다.

- 읽기 교과서에 실려 있는 이문열 씨의 소설 〈우리들의 일그러진 영웅〉을 읽기 전에 제가 준비한 자료는 미리 교과서 부분만큼 '우리들의 일그러진 영웅' 영화에서 캡처를 한 동영상이었습니다. 반장 대신 '급장'이라는 말을 쓰고, '주번' 등의 생소한 문화가 담겨있는 자료인지라 영상을 보고 책을 읽으니 아이들의 반응은 훨씬 생기 있었습니다.

  01 알툴즈 홈페이지(http://altools.co.kr)에 접속하여, 동영상 재생프로그램인 알쇼를 다운로드받는다.
  02 동영상 캡처를 시작하기 전에 어떤 폴더에 파일이 저장될 지 설정해주어야 한다. [파일] 메뉴의 [환경 설정]으로 들어가고, [화면 설정]을 클릭하여 캡처 설정의 [변경]을 눌러 저장할 폴더를 [바탕 화면]으로 설정한다.

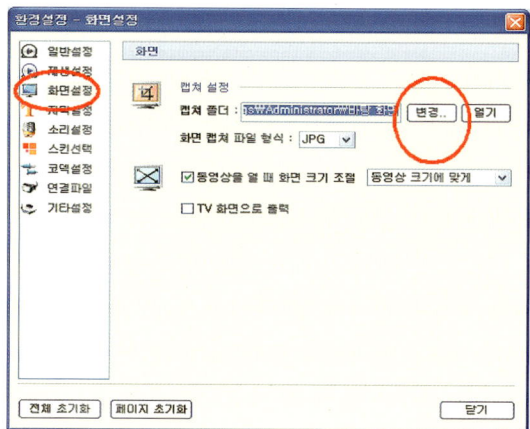

03 알쇼를 실행하여 준비한 영상을 재생한다.

04 캡처하고 싶은 부분에서 F10키를 눌러 '동영상 캡처'를 시작한다. 끝날 부분에서 다시 F10키를 눌러 '동영상 캡처'를 마친다. 만약 사진을 캡처하고 싶으면 F9키를 누르면 된다.

05 만약 동영상 캡처가 제대로 되지 않았을 경우에는 윈도XP 바탕 화면에서 오른쪽 마우스 버튼을 누른 후, [속성]을 선택한다.

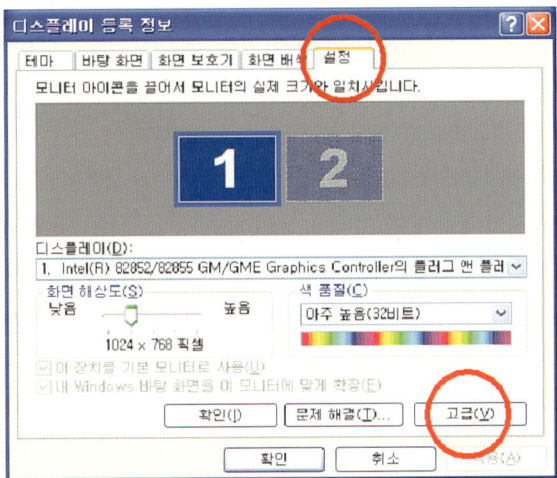

- 위 화면과 같이 [디스플레이 등록 정보] 화면이 나타나면, [설정] 탭을 선택하고 오른쪽 아래의 [고급]을 클릭한다.

활·동·하·기 01

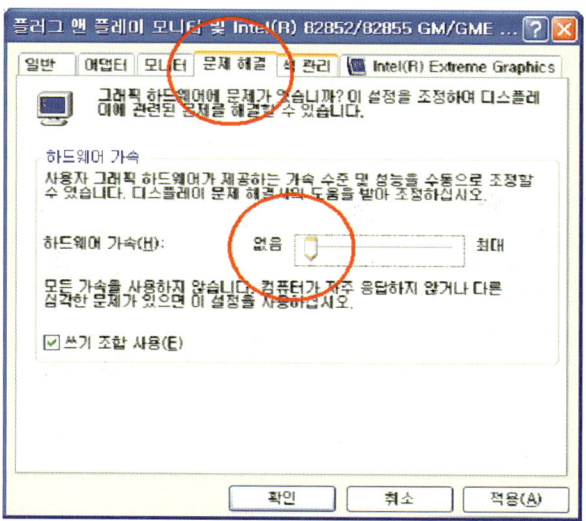

- 이때 [문제 해결] 탭의 하드웨어 가속 막대를 끌어 [없음]으로 설정해주면, 동영상 재생이 정상적으로 이루어진다.

나 매직원으로 동영상과 자막 합치기

- 알쇼 프로그램으로 동영상을 캡처하면, 영화의 자막은 캡처되지 않습니다. 외국 영화들은 대개 동영상 파일과 SMI라는 자막 파일이 따로 있기 때문이지요. 이럴 때 공개용 동영상 편집프로그램인 매직원 프로그램을 사용하면, 영화의 동영상과 자막도 합쳐보고, 수업에 필요한 부분만 캡처할 수 있습니다.

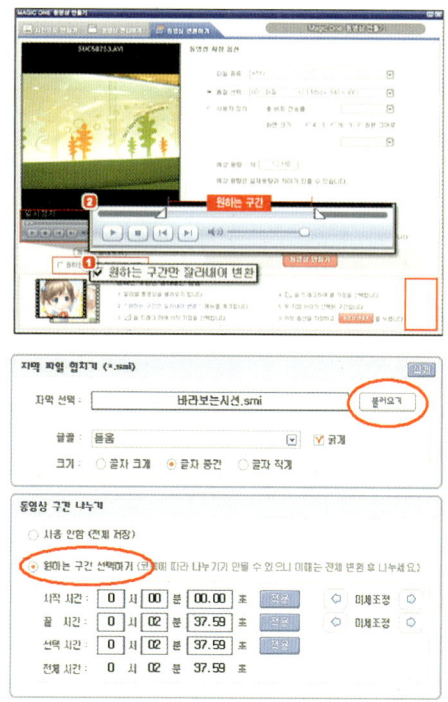

01 먼저 다운로드받은 '매직원 프로그램'을 설치한다.
02 [동영상 변환하기] 탭을 선택한다.
03 동영상과 자막 파일을 불러온다.
04 [동영상 구간 나누기]에서 [원하는 구간 선택하기]를 클릭한다.

05 [시작 시간]과 [끝 시간]을 조절하여 캡처하기 원하는 구간만 선택하고, [다음 단계]를 눌러 동영상으로 만들면 된다.

다 UCC 동영상은 '다바다'로 다 받기

- UCC다바다 프로그램은 인터넷의 동영상 제공 사이트의 동영상을 쉽게 다운로드할 수 있게 해주는 획기적인 프로그램입니다. 대부분의 UCC 동영상은 아래쪽에 [퍼가기] 주소가 있습니다. 이 퍼가기 주소를 복사하고 프로그램에 붙이면 바로 다운로드를 받을 수 있지요.

01 UCC다바다 제작자 홈페이지(http://shkam.tistory.com)에서 프로그램을 다운로드 받아 설치한다.

02 UCC다바다 프로그램을 실행하고 원하는 동영상을 검색하면, 위쪽에 [제목]과 [FLV 경로]가 나타난다.

03 [저장 폴더]를 […]를 눌러 지정하고, 오른쪽 [추가] 버튼을 눌러 UCC 동영상을 다운로드받는다.

04 또는 다운로드받고 싶은 UCC 동영상의 오른쪽 아래에 있는 [퍼가기] 버튼을 누른다.
이때 나타나는 '동영상 링크로 퍼가기' 외부링크 주소를 [복사]한다.

05 [주소 직접 입력]을 눌러 복사한 주소를 [붙여넣기]한다. [추가] 버튼을 누르면 다운로드 된다.

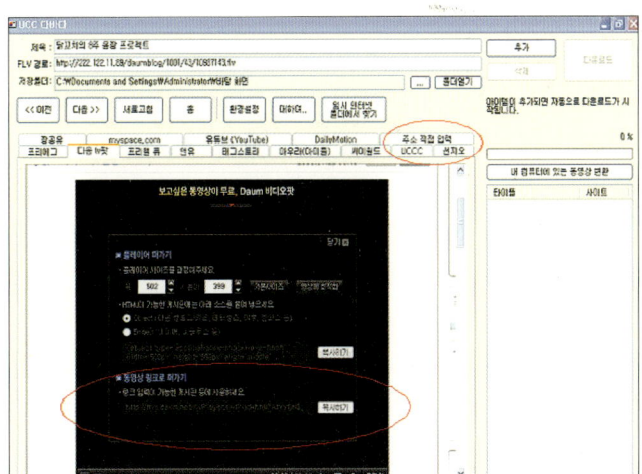

쉽게 동영상에 자막 넣어 활용하기

- "혹시 〈해리포터〉 영화 그대로 주인공들이 나오는데, 화면의 자막은 우리 반 아이들 이름을 넣어 오늘 공부한 내용대로 서로 대화하는 장면을 만들 수 없을까?"

- 무료 자막제작 프로그램인 '이지캡션'을 이용하면 간단히 자막을 넣을 수 있습니다. 보통 아이들에게 보여주는 외화의 경우 영화와 함께 자막 파일(SMI 파일)이 따로 제작됩니다. 물론 동영상 편집 프로그램을 이용해 자막을 영상에 바로 입힐 수도 있지만, '이지캡션'이나 '한방에' 같은 프로그램을 이용하면 원래 동영상은 그대로 두고 자막만 삽입할 수 있습니다.

- 2010년, 5학년 2학기 읽기 교과서에는 아프리카에 사는 꼬마소녀 '티피'에 대한 이야기가 나옵니다. 교과서 속 어린 모습이 아니라 요즘 살아가는 티피의 동영상을 미국 유튜브 사이트에서 구해 먼저 UCC다바다 프로그램으로 다운로드받았습니다. 그런 후에 한 선생님의 번역 도움을 받아 한글자막 파일을 만들고 인디스쿨에 업로드할 수 있었습니다. 이렇게 업로드된 자료는 40,000명 가까운 선생님들이 몇 년째 다운로드받아 교실 수업에 활용하고 계십니다. 제가 어떻게 한글자막을 넣었냐고요?

가 이지캡션 프로그램 이용하기

- 이지캡션을 사용하면, 손쉽게 자막을 제작하고, 싱크를 조절할 수 있습니다. 주요 특징으로는 F4를 눌렀을 경우 특수 문자 입력창이 나와 특수문자를 입력하기 쉽다는 것, 자막 정보를 손쉽게 입력할 수 있다는 것

을 비롯해 자막 파일 최적화 엔진을 탑재하여 자막 파일의 불필요한 태그를 정리하여 용량을 적게 해주고 빠르게 해줍니다.

01 [파일]-[동영상 열기]로 자막 넣을 동영상을 부른다.
02 [파일]-[새 자막]을 누른다.
03 동영상을 플레이하고, 자막 넣을 곳에서 일시정지 버튼을 누른다.
04 [현재 싱크로 적용] 버튼을 누른다.
05 아래쪽 편집 창에 나올 자막을 입력한다.
06 [추가] 버튼을 누른다 → 동영상에 자막이 삽입되기 시작한다.
07 동영상을 계속 플레이한다. 자막이 나오지 않을 곳에서 [일시정지]한다.
08 [현재 싱크로 적용] 버튼을 누른다.
09 아래쪽 편집 창에 나올 자막을 모두 지운다.
10 [추가] 버튼을 누른다
11 자막의 파일 이름은 동영상 이름과 똑같이 바꿔주고 저장한다. 예를 들어 해리포터.avi 동영상과 같은 폴더에 해리포터.smi로 저장하면 된다.

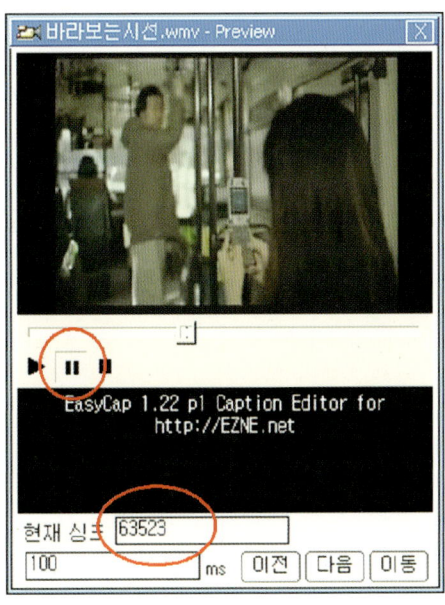

활·동·하·기 02

- 영화의 자막이 잘못되었을 경우, 수정하려면 어떻게 해야 할까요?

잘못된 자막이 있을 경우 수정하려면, smi 자막 파일 위에서 오른쪽 마우스 버튼을 눌러 [연결 프로그램]을 notepad, 즉 메모장으로 지정하면 됩니다.

유명한 〈해리포터〉 같은 영화의 자막 중간에 갑자기 선생님이 아이들에게 보내는 사랑의 메시지가 나오면 아이들의 반응이 어떨까요? ^^

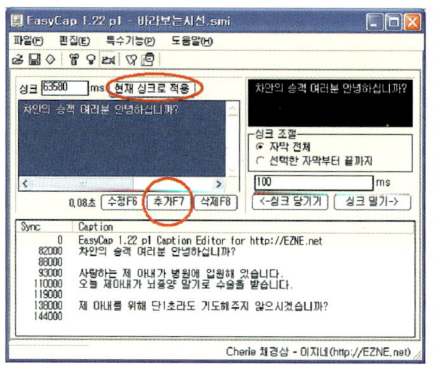

동영상 자료를 사용해 동기유발 시 유의할 점

- 동영상 자료를 수업의 동기유발 단계에서 활용하려고 준비했을 때 유의할 점은,

첫째, 매체를 활용하기 전에 꼭 사전에 점검해야 한다는 점입니다.

실제로 수업시간에 동영상 자료를 활용할 때에 사전 점검을 하지 않으면 고생하게 되는 경우가 많습니다. 집에서 동영상을 제작해 준비했는데, 교실 컴퓨터에 코덱이 깔려 있지 않아 소리가 안 나거나 재생이 안 된다고 생각해보세요. 공개수업을 하는 장면이라면 더욱 심각합니다. 정말 끔찍한 상황일 것입니다. 이러한 만약의 사태를 대비하여 특정 자료가 제대로 작동되지 않을 때 다른 자료를 사용할 수 있도록 대비를 하는 것도 좋습니다.

둘째, 새롭게 제작한 동영상 자료들은 수업 전이나 수업 후 학급 홈페이지를 통해서 아이들에게 제공되어 발전과 보충의 기회를 제공해야 할 필요가 있습니다.

셋째, 수업내용이 단순하고 한 두 개의 자료만을 활용할 경우에는 별도의 시나리오 없이 수업을 진행하는 것이 가능했지만, 여러 동영상 등의 멀티미디어 자료를 활용한 수업을 진행할 경우에는 시나리오가 중요합니다. 자칫 교사의 의욕이 앞서 다양한 자료를 두서없이 늘어놓다 보면, 아이들이 흥미 있게 동기유발 되기는커녕 오히려 혼란만 가중될 우려가 많습니다. 교사는 수업시간에 활용하기로 한 자료들을 적절한 순서에 맞게 배열하고 어떤 식으로 보여줄 것인지를 결정해야 하고 그런 결정을 시나리오로 작성하여 두어야 원하는 수업을 할 수 있습니다. 이왕이면, 준비한 동영상도 프레젠테이션 자료에 삽입된 형태로 제작해놓는 것이 실수를 하지 않고 수업을 진행할 수 있는 좋은 방법일 수 있습니다.

즐거운학교의 도서 시리즈

스피드 컴활용

황정회 선생님 지음 / 333면 / 19,000원

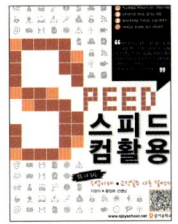

2011년 하반기 티처빌교육연수원 연수강의 서비스 예정

컴퓨터 스트레스에 시달리는 선생님뿐만 아니라 초보자부터 고급사용자까지 모두 쉽게 배우고 익히고 수업에서 활용할 수 있는 컴퓨터 활용 워크북.

수업사례로 배우는 수업 속 책 만들기

우경희 선생님 지음 / 240면 / 16,000원

수업사례로 배우는 수업 속 책 만들기
(직무연수 2학점) 50,000원

메이킹북 도서의 결정판!
수업설계를 바탕으로 과목별, 단위 시간별 자세한 활용 방법을 담고 있습니다.

※만들기 본이 수록된 부록 CD제공

수업사례로 배우는 수업기술의 법칙

한형식 선생님 지음 / 344면 / 15,000원

수업사례로 배우는 수업기술의 법칙
(직무연수 2학점) 50,000원

수업기술의 법칙을 다양한 상황별 예시를 통해 제시하고 이론만으로는 부족하였던 다양한 수업기술을 알려 드립니다.

토론수업

박현희 선생님 지음 / 244면 / 15,000원

토론의 달인을 키우는 토론수업
(직무연수 2학점) 50,000원

아이들을 의사소통의 달인으로!
새로운 생각, 더 풍부한 아이디어를 가진 인재가 될 수 있도록 만드는 토론수업, 이 한 권으로 시작해보세요.

제1회 대한민국 출판문화상 동상 수상
재미와 감동이 있는 협력놀이

박광철 선생님 지음 / 340면 / 16,000원

하나되어 어우러지는 협력놀이
(직무연수 2학점) 50,000원

박광철 선생님의 수업 노하우를 바탕으로 협력놀이를 이용하여 학생 모두가 함께하는 수업의 다양한 방법을 알려 드립니다.

함께해서 즐거운 협동학습

정문성, 조성태, 서우철 지음 / 240면 / 15,000원

함께해서 즐거운 협동학습
(직무연수 4학점) 99,000원

협동학습의 효과와 방법을 증명하는 이론과 풍부한 예시들. 수업에 바로 적용하여 자신만의 창의적인 협동학습을 만들어 활용해 보세요.

교사화법

이창덕, 민병곤, 박창균, 이정우, 김주영 선생님 지음 / 312면 / 15,000원

실젠 수업을 살리는 교사 화법 전략
(직무연수 2학점) 50,000원

교실 수업 상황에서 학생들과 소통하는 이론과 실제 활동을 다양한 방법으로 소개합니다.

아이들과 함께하는 교실 속 책 만들기(개정판)

우경희, 박광철 선생님 지음 / 412면 / 20,000원

메이킹북과 함께하는 즐거운 교실수업-종합
(직무연수 4학점) 99,000원

책 만들기에 대한 상세한 이론과 다양한 수업 방법을 담고 있습니다.

티처빌은 공교육 활성화를 목표로 학교와 교사를 위한 교육현장의 노하우를 공유하는 교육 콘텐츠 포털을 추구합니다.

풍요로운 수업과 따뜻한 교실을 만들어가는 선생님 마을!

No.1 원격교육연수원 티처빌

교육부인가를 받아 설립된 원격연수기관으로 교사들의 전문성 향상과 학교 교육력 제고를 위하여 교실현장을 위한 온·오프라인 연수과정을 종합적으로 제공합니다.

| 수업지도 | 교과지도 | 학생지도 | 학급운영 | 독서/논술지도 | ICT활용 | 자격증과정 | 영어 |
| 자기계발 | 학급운영 자료 | 교원 역량 진단 | 공개수업 | 임용고시 | 수업시연 | 교실영어 |

티처빌 교육쇼핑몰은 연간 3만여 명의 선생님, 5,000개 학교가 믿고 찾는 국내 최대 교육전문 쇼핑몰로 학교 현장에 필요한 교육용 S/W, 교육자료 개발, 도서출판 및 학급운영 도서, 수업도구, 교구 등을 전문적으로 유통하고 있습니다.

옆 반 선생님의 즐겨찾기! 티처빌 교육쇼핑몰! 이용문의 1544-7783

취급상품
- 학급운영 추천도서 - 학급경영 수업도구 - 주제별 수업자료 - 선생님 복지상품 - 교육용 S/W, 교구, 기자재

주요서비스
- 학교예산 후불제 - 학교서류 일괄제공 - 무료배송 - 구매대행 - 교과별 추천목록 제공

"사람의 학교 즐거운 학교" 선생님과, 학생, 학부모가 함께하는 커뮤니티형 온라인학교입니다!

2000년 학교 교육 지원 사이트로 개설하여 현재 교사 및 학생, 학부모 등 약 80만 명의 회원을 확보하고 있는 국내 최대 교사 커뮤니티 사이트로 약 3만여 개의 교사 커뮤니티, 교원연수, 교육콘텐츠몰, 체험학습 등의 사업을 추진하고 있다. 또한 방대한 교육자료와 교육노하우를 보유하고 있으며, 특히 교사가 직접 관리하고 참여하는 UCC(User Created Content) 기반의 교육 포털입니다.

커뮤니티(모임)
- 교육과 학교를 목적으로 설계된 커뮤니티를 배경으로 교사, 학생, 학부모가 만들어가는 인터넷 교육공동체를 지향합니다.
- 사이버 학급을 통한 학습과 대화, 학급운영 교사, 학생, 학부모 간의 커뮤니케이션을 위한 SRP(School Relationship Planning) 기능을 제공합니다.

교육자료
- 상호작용형, 프로젝트형, 정보검색형 학습을 위한 WBL(Web-based Learning)을 마련하여 게임과 멀티미디어에 기반을 둔 Interactive 학습을 제공합니다.
- 학급 운영 및 학습방법과 성격/적성을 진단하고 진로 선택을 도와주는 콘텐츠 등을 제공합니다.

체험학습
- 간접 지식으로 얻은 지식을 현장에서 체험함으로, 자신의 진정한 지식으로 습득하게 지원합니다.
- 아이들을 공부 방법에 맞추는 것이 아닌, 공부 방법을 아이들에게 맞추는 인간 존중형 학습을 제공합니다. 학습자 개개인의 욕구와 각 특성이 중시되는 교육이 진행될 수 있도록, 우리 아이들이 진정 "배우는 재미"를 알 수 있도록 "가치경험"을 제공합니다.

리더십캠프
- 리더십캠프는 개인의 역량강화, 인간관계, 조직문제, 요구해결의 과업을 성공적으로 완수할 수 있도록 체계화된 프로그램을 통해 전달하고 있습니다.
- 리더십캠프의 종류로는 초등 대상의 '리더십캠프'와 중·고등 대상의 '자기주도학습 M.A.T.E.(메이트)리더십' 그리고 교사 대상의 '경쟁력강화 셀프리더십' 등이 있습니다.

광장(포럼)
- 교사와 교사 간, 교육관계 전체 간의 의견공유 공간을 마련하여, 이를 통한 상호 간의 이해와 정보공유를 할 수 있는 기회마련과 집단지성을 지향합니다.
- 다양한 문제점 및 정보에 대해서 함께 공유할 수 있는 WBF(Web Based Forum)를 마련합니다.